商战实践平台指导教程

何晓岚 金晖 主编

清华大学出版社

北京

内 容 简 介

本书详细介绍了用友ERP沙盘的最新配套系统——商战实践平台的使用。第1～3章在介绍ERP沙盘模拟的起源与意义的基础上，着重介绍了商战实践平台的使用及与之对应的实物盘面的摆放、教学组织及管理；第4章介绍了如何认识与剖析企业经营；第5章是参赛选手的实战总结，介绍了沙盘模拟的常用战术与战略。

本书立足教学，突出实用，可作为"ERP沙盘模拟"课程的实训教程，对广大ERP沙盘模拟爱好者也具有一定的参考价值。

本书封面贴有清华大学出版社防伪标签，无标签者不得销售。
版权所有，侵权必究。举报：010-62782989，beiqinquan@tup.tsinghua.edu.cn。

图书在版编目(CIP)数据

商战实践平台指导教程/何晓岚，金晖 主编. —北京：清华大学出版社，2012.7（2023.2重印）
ISBN 978-7-302-28963-0

Ⅰ. ①商… Ⅱ. ①何… ②金… Ⅲ. ①计算机应用—企业管理—教材 Ⅳ. ①F270.7

中国版本图书馆CIP数据核字(2012)第112189号

责任编辑：刘金喜　胡雁翎
封面设计：朱迪
版式设计：妙思品位广告设计有限公司
责任校对：邱晓玉
责任印制：沈　露

出版发行：清华大学出版社
　　网　　址：http://www.tup.com.cn，http://www.wqbook.com
　　地　　址：北京清华大学学研大厦A座　　邮　编：100084
　　社 总 机：010-83470000　　邮　购：010-62786544
　　投稿与读者服务：010-62776969，c-service@tup.tsinghua.edu.cn
　　质量反馈：010-62772015，zhiliang@tup.tsinghua.edu.cn
印 装 者：天津鑫丰华印务有限公司
经　　销：全国新华书店
开　　本：185mm×260mm　　印　张：10　　字　数：197千字
版　　次：2012年7月第1版　　印　次：2023年2月第18次印刷
定　　价：45.00元

产品编号：046294-03

前言

沙盘模拟教学已经陆续被全国各大中专院校接受并引进，形式新颖、逼真、全面地展现了管理流程和理念，同时具备高度的趣味性和竞争性。其核心内容是构造一个模拟的市场环境，将学生分成若干个团队，各经营一家企业，从事若干个会计年度的经营活动，综合运用战略、市场、财务、生产及物流等知识，解决企业经营中遇到的各类典型问题，在失败和成功的体验中低成本"建构"专业知识及管理者所需的能力与素质。

沙盘模拟教学目前使用最广泛的是由用友公司和浙江大学城市学院联合开发的方案，其发展经历了三个阶段：

- 2005—2007 年，纯实物沙盘阶段；
- 2007—2010 年，实物沙盘结合创业者企业模拟经营系统；
- 2010 年起至今，改进过的实物沙盘结合商战实践平台。

随着商战实践平台的普及，原有的和创业者企业模拟经营系统配套的教程已经不能满足需要，有多位教师希望与商战实践平台配套的教程尽快出版，编者在教学和指导竞赛的过程中也深感其必要性。因此编者对原教程做了较大幅度的修订，完成了本教程。本教程有以下几个特点：

- 以方便教学使用为出发点，力图以通俗的语言剖析企业经营的本质，建立全局观；
- 本书的几位编者多年致力于沙盘教学及比赛，有相当的权威性；
- 对原来以灰币和彩币为基础的实物沙盘进行了改造，结合 2010 年及 2011 年国赛经验，保持盘面不变，但现金、产品、在制品及厂房等要素用卡片(可自制)表示，同时货币以"万(W)"为单位，增加一位有效数字，使经营更"精细"。

本书由浙江大学城市学院何晓岚、金晖主编，并编写了第 1～3 章及第 4 章的部分内容，楚万文编写了第 5 章第 5.1～5.3 节的内容，杨海锋编写了第 4 章的部分内容，潘锦辉编写了第 5 章第 5.4 节的内容。

本书适合作为高等院校 ERP 沙盘实训教材，也可以作为相关培训人员的参考书。如果在使用此书的过程中有问题，或者对系统有任何意见，可发邮件至 hexl@zucc.edu.cn 或 18682659@qq.com 与作者联系。

该书在编写过程中得到路晓辉、王新玲、柯明等同志的启发和帮助，并部分引用了他们的一些观点，在此一并致谢。

由于作者水平有限，错误之处在所难免，恳请读者多提宝贵意见，以期日后提高完善。

本书教学资料和商战实践平台可通过 http://tradewar.135e.com/download 下载。服务邮箱为 wkservice@vip.163.com。

作者
2012 年 2 月

何晓岚同志多年来从事ERP沙盘模拟比赛的规则制定和教学工作，主持开发了"创业者"企业模拟经营系统和"商战"实践平台，即电子沙盘系统。该系统自2007年起被指定为"用友杯"全国大学生创业设计暨沙盘模拟经营大赛指定使用系统，目前已经连续使用五届，被全国近五百所大中专院校采用。

目 录

第1章 ERP沙盘模拟简介 ·· 1
   1.1 ERP沙盘模拟的意义 ·· 1
   1.2 ERP沙盘模拟在管理学科体系中的作用与地位 ·· 4
   1.3 ERP沙盘模拟课程内容 ·· 5

第2章 认识ERP沙盘企业 ··· 7
   2.1 组织准备 ··· 7
   2.2 企业盘面 ··· 8
   2.3 经营过程 ··· 13

第3章 "商战"系统经营 ··· 15
   3.1 "商战实践平台"介绍 ·· 15
   3.2 "商战"系统组成 ·· 16
   3.3 经营规则与过程 ·· 17
   3.4 账务处理 ·· 38
   3.5 教学管理 ·· 41
      3.5.1 经营前准备 ··· 41
      3.5.2 系统准备 ·· 41
      3.5.3 企业登录注册 ··· 45
      3.5.4 企业经营及比赛管理 ·· 45
      3.5.5 订单生成工具的使用 ·· 49
      3.5.6 规则生成工具的使用 ·· 50

第4章 解密企业经营 ··· 51
   4.1 企业经营本质 ··· 51
   4.2 企业基本业务流程 ·· 54
   4.3 如何管理资金——现金为王 ·· 58
   4.4 用数字说话——找出不赚钱的原因 ··· 60

  4.5 战略——谋定而后动 ………………………………………………………… 63
  4.6 财务分析 ……………………………………………………………………… 65
  4.7 岗位评价 ……………………………………………………………………… 67

第 5 章 实战篇 ……………………………………………………………………… 69
  5.1 沙盘竞赛技战术经验 ………………………………………………………… 69
  5.2 常用策略 ……………………………………………………………………… 86
  5.3 2008 年第四届"用友杯"全国大学生创业设计暨沙盘模拟经营大赛夺冠心得 …… 92
  5.4 2011 年第七届"用友杯"全国大学生创业设计暨沙盘模拟经营大赛心得 …… 102

附录 1 各年经营用表格 ……………………………………………………………… 111

附录 2 第七届"用友杯"全国大学生创业设计暨沙盘模拟经营大赛全国总决赛规则 …… 137
  一、参赛队 …………………………………………………………………………… 137
  二、运行方式及监督 ………………………………………………………………… 138
  三、企业运营流程 …………………………………………………………………… 138
  四、竞赛规则 ………………………………………………………………………… 138

参考文献 ……………………………………………………………………………………… 149

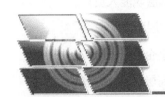

第1章 ERP沙盘模拟简介

1.1 ERP 沙盘模拟的意义

在此借用华北电力大学刘树良老师的知识立方体图说明 ERP 沙盘模拟的意义，如图 1-1 所示。通过知识宽度、实践性、管理层次三个维度，将人才分成两大类，八种。

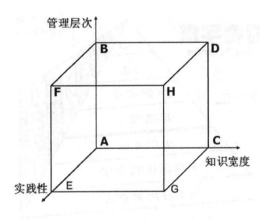

图 1-1　知识立方体

1. 言传性知识为主

A：专—理—低　低层次专家

B：专—理—高　学术专家

C：宽—理—低　低层次杂家

D：宽—理—高　学术权威

2. 意会性知识为主

E：专—实—低　低层职能人员

F：专—实—高　高层职能经理

G：宽—实—低　小企业经理

H：宽—实—高　高层经营管理者

企业管理者需要具备两类知识：言传性知识——可以通过语言或文字来传递的知识；意会性知识——只能通过实践来领悟的知识。传统管理教学手段显然只能提供言传性知识，然而社会需要管理者掌握综合知识，特别是意会性知识。ERP沙盘模拟培训的定位正是为学员提供意会性知识。

ERP沙盘模拟是一种体验式教学，融团队合作、角色扮演、案例分析和专家诊断于一体。它让学生站在最高层领导的位置上来分析、处理企业面对的战略制定、组织生产、整体营销和财务结算等一系列问题，亲身体验企业经营过程中的"酸、甜、苦、辣"，在"做"的过程中领悟企业高层管理者所应掌握的"意会性知识"。根据美国缅因州国家训练实验室提出的"学习金字塔"理论，让学生能够使用课本知识"做中学"是一种非常有效的学习手段，两周后平均学习保持率高达75%，如图1-2所示。

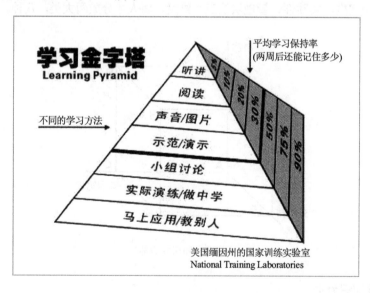

图1-2　学习金字塔

管理教学中较为常用的案例教学主要是通过各抒己见来相互学习、借鉴，通过一个个静态案例的多种分析与决策方案的比较来获得知识。而ERP沙盘模拟是通过亲身体验来学习，通过对一系列动态案例的连续不断的分析与决策过程来获得知识,进行有决策的结果反馈。这两种学习方法的效果优劣是不言而喻的。

ERP沙盘模拟是一种综合训练。学生可以将所学的各种知识应用到经营过程中,从而获得综合能力的提高。ERP沙盘模拟涉及战略管理、市场营销、生产管理、物流管理及财务会计,传统教学体系中是没有类似课程的。

ERP沙盘模拟也可以作为一种选拔人才的手段。企业在选拔经营管理人才时,可通过观察应征者在参与模拟活动中的表现来确定合适的人选。中央电视台"赢在中国"节目正是应用沙盘模拟作为一个环节来选拔创业人才的。

ERP沙盘模拟改变了传统课堂的师生关系。教师仍是课堂的灵魂,但其角色在课程的不同阶段是不断变化的,如表1-1所示。

表1-1 课程的不同阶段教师所扮演的角色

课程阶段	具体任务	教师角色	学生角色
组织准备工作		引导者	认领角色
基本情况描述		引导者	新任管理层
企业运营规则		引导者	新任管理层
初始状态设定		引导者	新任管理层
企业经营竞争模拟	战略制定	商务、媒体信息发布	角色扮演
	融资	股东、银行家	角色扮演
	订单争取、交货	客户	角色扮演
	购买原料、下订单	供应商	角色扮演
	流程监督	审计	角色扮演
	规则确认	裁判	角色扮演
现场案例解析		评论家、分析家	角色扮演

从表1-1中可以看出,对教师的要求相当高,不仅要有综合知识,还需要有很强的组织能力;不仅是规则的讲解者,更是学生的引导者。沙盘模拟效果的好坏、学生收益的大小,教师起到决定性作用。

ERP沙盘模拟与现实经营并不完全是一回事,我们不能一味苛求ERP沙盘和现实企业经营完全相符,这样反而不利于对企业经营全局的认识和把握。ERP沙盘模拟在某些处理环节上(如账务、税收、报表等)是高度简化甚至有所变通的,并非和现实规范完全相符,只要其处理方法在逻辑上成立即可。这和地理沙盘是一个道理,如果一味要求和实际地形地貌完全相符,只能导致使用者看不清主要地点之间的位置关系。

1.2　ERP 沙盘模拟在管理学科体系中的作用与地位

ERP 沙盘模拟是一门综合性非常强的实训课程,其内容涵盖管理学科的所有主干课程,其关系可以简单地用图 1-3 表示。

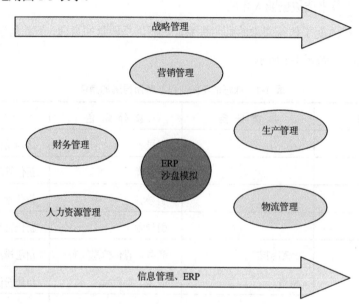

图 1-3　ERP 沙盘模拟与相关课程关系图

下面将 ERP 沙盘模拟与不同课程所相关联的主要知识点列于表 1-2 中。

表 1-2　ERP 沙盘模拟涉及主要知识点

项　目	内　容
战略管理	企业环境分析、SWOT 分析、波士顿矩阵分析、平衡计分卡
营销管理	市场开拓、广告投放、营销组合、竞争对手分析、市场机会发现、产品组合、产品生命周期理论
财务管理	会计核算、投资策略、融资策略、现金预算,如杜邦分析、盈亏平衡分析、全成本核算
生产与物流管理	生产计划、设备管理、质量认证体系、产销排程、库存管理、JIT、采购管理
人力资源管理	团队建设、岗位考核、团队合作
信息管理、ERP	系统管理、信息集成、信息化工具应用

可见，ERP 沙盘模拟涵盖了管理学科主干课程及重要知识点，是对传统课堂教学的有益补充和完善。

1.3 ERP 沙盘模拟课程内容

1. 深刻体会 ERP 核心理念
   - 感受管理信息对称状况下的企业运作。
   - 体验统一信息平台下的企业运作管理。
   - 学习依靠客观数字评测与决策的意识及技能。
   - 感悟准确及时集成的信息对于科学决策的重要作用。
   - 训练信息化时代的基本管理技能。

2. 全面阐述一个制造型企业的概貌
   - 制造型企业经营所涉及的因素。
   - 企业物流运作的规则。
   - 企业财务管理、资金流控制运作的规则。
   - 企业生产、采购、销售和库存管理的运作规则。
   - 企业面临的市场、竞争对手、未来发展趋势分析。
   - 企业的组织结构和岗位职责等。

3. 了解企业经营的本质
   - 资本、资产、损益的流程，企业资产与负债和权益的结构。
   - 企业经营的本质——利润和成本的关系，增加企业利润的关键因素。
   - 影响企业利润的因素——成本控制需要考虑的因素。
   - 影响企业利润的因素——扩大销售需要考虑的因素。
   - 脑力激荡——如何增加企业的利润。

4. 确定市场及产品战略、产品需求趋势分析
   - 产品销售价位、销售毛利分析。
   - 市场开拓与品牌建设对企业经营的影响。
   - 市场投入的效益分析。
   - 产品盈亏平衡点分析。
   - 脑力激荡——如何才能拿到大的市场份额。

5. 掌握生产管理与成本控制
   - 采购订单的控制——以销定产、以产定购的管理思想。

- 库存控制——ROA 与减少库存的关系。
- JIT——准时生产的管理思想。
- 生产成本控制——生产线改造和建设的意义。
- 产销排程管理——根据销售订单确定生产计划与采购计划。
- 脑力激荡——如何合理地安排采购和生产。

6. 全面计划与预算管理

- 企业如何制定财务预算——现金流控制策略。
- 如何制订销售计划和市场投入。
- 如何根据市场分析和销售计划，来制订和安排生产计划和采购计划。
- 如何进行高效益的融资管理。
- 脑力激荡——如何理解"预则立，不预则废"的管理思想。

7. 科学统筹人力资源管理

- 如何安排各个管理岗位的职能。
- 如何对各个岗位进行业绩衡量及评估。
- 理解"岗位胜任符合度"的度量思想。
- 脑力激荡——如何更有效地监控各个岗位的绩效。

8. 获得学习点评

- 培训学员实际训练数据分析。
- 综合理解局部管理与整体效益的关系。
- 优胜企业与失败企业的关键差异。

第2章

认识 ERP 沙盘企业[1]

2.1 组织准备

ERP 沙盘经营是一个团队活动,需要多人通力合作才能完成经营。主要角色有总裁 CEO、财务总监、生产总监、营销总监及采购总监,如表 2-1 所示。这些是主要角色,当然还可以增设财务助理、生产助理、营销助理、信息主管、人力资源主管等角色。

表 2-1 管理层及分工

角色	职责	使用表单[2]	备注
总裁 CEO	综合小组各个角色提供的信息,决定本企业每件事做还是不做,对每件事情的决策及整体运营负责	经营流程表	
财务总监	日常财务记账和登账,向税务部门报税,提供财务报表,日常现金管理,企业融资策略制定,成本费用控制,资金调度与风险管理,财务制度与风险管理,财务分析与协助决策——保证各部门能够有足够的资金支撑	经营流程表 财务报表 现金预算表	可下设财务助理,承担部分职责
生产总监	产品研发管理,管理体系认证,固定资产投资,编制生产计划,平衡生产能力,生产车间管理,产品质量保证,成品库存管理,产品外协管理	生产计划	可下设生产助理,承担部分职责

---

1 本教程所引规则为 2011 年第七届"用友杯"全国大学生创业设计暨沙盘模拟经营大赛全国总决赛规则,可参看附录 2。

2 鼓励学生自制表单、开发信息化工具进行管理。

(续表)

角色	职责	使用表单	备注
营销总监	市场调查分析，市场进入策略，产品发展策略，广告宣传策略，制订销售计划，争取订单与谈判，签订合同与过程控制，按时发货，应收款管理，销售绩效分析——透彻地了解市场并保证订单的交付	市场预测 订单登记表 产品销售核算统计表 市场销售核算统计表 组间交易明细表	可下设营销助理，承担部分职责
采购总监	编制采购计划，供应商谈判，签订采购合同，监控采购过程，到货验收，仓储管理，采购支付抉择，与财务部协调，与生产部协同	原料订购计划	本岗位任务相对较轻，可以协助其他岗位承担部分职责

2.2 企业盘面

以用友 ERP 实物沙盘盘面为例，认识沙盘企业。沙盘盘面分别包括生产中心、财务中心、营销与规划中心、物流中心，如图 2-1 所示。各个角色需要按部就班，坐在相应的位置。

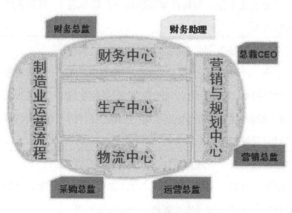

图 2-1 沙盘盘面

图 2-1 仅是沙盘企业的一个整体图，还需要对各个部门及盘面要素进行详细考察。

> **特别提示**
>
> ➢ 在 ERP 沙盘模拟中，以季度(Q)为经营时间单位，一年分成 4 个季度。
> ➢ 在经营中以万(W)为货币单位。

本教程不用彩币表示原料,也不用彩币与灰币的组合表示产品,而采用卡片表示,如图 2-2 所示。

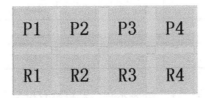

图 2-2　产品和原料

产品及原料种类也可以自行定义,如可增加 P5 或 R5,以上产品和原料数量自行填写。现金表示也不用灰币(百万为最小单位,用 M 表示),而用空白卡片,金额自行填写,这样表示更方便,且具灵活性。由于货币单位为万,一般以 600W 为初始资金,因此比早期实物沙盘(一般以 60M 为初始资金)多一位有效数字,计算精度要求更高。

1. 生产中心(如图 2-3 所示)

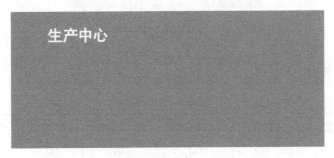

图 2-3　生产中心

生产中心是一块空白区域,可以放置厂房。厂房使用可以任意组合,但总数不能超过 4 个,如租 4 个小厂房或买 4 个大厂房,或租 1 个大厂房买 3 个中厂房。

厂房种类可以自行定义,如图 2-4 设置了三类厂房——大、中、小。表 2-2 中的规则定义仅供参考。

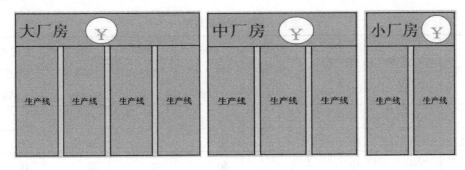

图 2-4　厂房

表2-2 厂房规则

类型	买价/W	租金/W/年	售价/W	容量/条
大厂房	440	44	440	4条
中厂房	300	30	300	3条
小厂房	180	18	180	2条

将标有买价金额的卡片置于"￥"处表示买，若将标有租金金额的卡片置于"￥"处表示该厂房为租。生产线置于厂房内，生产线也可以自行定义。图2-5中定义了四类生产线。

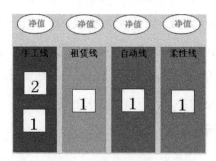

图2-5 生产线

生产线规则如表2-3所示。

表2-3 生产线规则

类型	购置费/W	安装周期/Q	生产周期/Q	总转产费/W	转产周期/Q	维修费/W/年	残值/W
手工线	35	无	2	0	无	10	10
租赁线	0	无	1	20	1	55	-55
自动线	150	3	1	20	1	20	30
柔性线	200	4	1	0	无	20	40

生产线折旧规则如表2-4所示。

表2-4 生产线折旧规则

类型	购置费/W	残值/W	建成第1年/W	建成第2年/W	建成第3年/W	建成第4年/W	建成第5年/W
手工线	35	5	0	10	10	10	
自动线	150	30	0	30	30	30	30
柔性线	200	40	0	40	40	40	40

当年建成的生产线当年不提折旧；当净值等于残值时生产线不再计提折旧，但可以继续使用。

2. 财务中心

财务中心分现金区、长期贷款、短期贷款、其他贷款、应收款、应付款及费用区等 7 个区域，如图 2-6 所示。

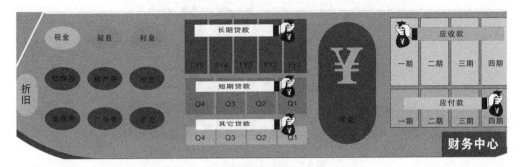

图 2-6　财务中心

- 现金区：表示企业当前可用的资金，以卡片填写金额置于其上，若有增减，可直接修改卡片金额。
- 长期贷款：以年为单位，FY 表示年限，借入长贷可以为不同年限，如 FY3 表示 3 年期的长期贷款，即 3 年后需要还本。长期贷款每年均需要还一次利息，不到期本钱不需要还。
- 短期贷款：以季为单位，Q3 表示当前贷款还有 3 季需要还本付息。短期贷款借入均为一年期(4 季)，4 季后需要一次性还本付息。

> 特别提示

➢ 长期贷款、短期贷款借入额度均为不小于 10 的整数。
➢ 借入贷款时需要将标有金额的卡片一张置于现金处——表示资产，另一张置于贷款处——表示负债。

- 其他贷款：与长短贷类似，教师可以根据教学比赛需要增加高利贷或者特别贷款，摆法和短贷类似。
- 应收款：按订单交货或者出售厂房可以得到应收款。如"三期"表示再过 3 季可以收现。
- 应付款：企业采购可能采用赊购。如"三期"表示再过 3 季需要付货款。
- 费用区：包括折旧、税金、贴息、利息、修理费、转产费、租金、管理费、广告费及其他。当然财务意义上的费用不止这些，还包括市场开发费、产品开发费及 ISO 开发费，均可用填写金额的卡片表示，并同时要减少等额现金。

3. 营销与规划中心(如图 2-7 所示)

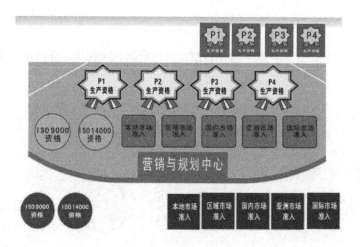

图 2-7　营销与规划中心

若要生产某产品，需要获得生产资格，支付一定期限(以季为单位)的开发费用即可获得生产资格。要进入某一市场承接订单，需要市场准入资格，支付一定期限(以年为单位)的开发费即可获得市场资格。某些产品订单可能有 ISO 资格要求，只有具备相应 ISO 资格方能承接该订单，要获得 ISO 资格需要支付一定期限(以年为单位)的开发费用。以上几个项目开发时，将相应开发金额的卡片置于对应区域，开发完成后换相应资格证。

4. 物流中心

物流中心分原料区、产品库存区及产品订单区，如图 2-8 所示。

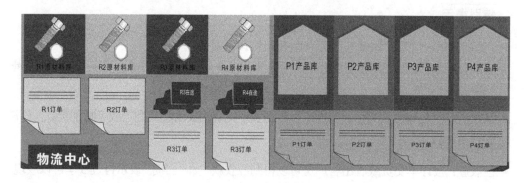

图 2-8　物流中心

要获得原料，必须先下原料订单，可将标有数量的原料卡片置于相应原料订单区。R1、R2 原料过一个季度可以到达原料库，同时需要付原料款；R3、R4 原料过两个季度(故有在途状态)可以到达原料库，同时需要付原料款。在生产线加工完成的产品在销售前置于相应产品库。产品和原料均按照直接成本计价。在订货会中获得的产品订单，未交货前可置于相应订单区。

2.3 经营过程

ERP 沙盘经营分成年初、四季、年末三个时间大段,如表 2-5 所示。

表 2-5 整体经营过程[1]

阶　段	任　　务	备　注
年初	年度规划,广告投放,参加订货会,长贷	7 项工作
四季	贷款及采购,生产任务,交货及开发	18 项工作,每季重复一次
年末	年末付款、关账	5 项工作
特殊工作	紧急采购、出售库存、贴现、厂房贴现	4 项工作,紧急时采用,可随时进行

每一年经营由总裁 CEO 指挥,各岗位填写经营流程表(见附录 1),有序地完成一年经营。各岗位需要各司其职,在经营流程表中填写自己负责的经营数据。总裁 CEO 在经营流程表中打勾表示完成该项任务;财务总监记录明细现金流入流出、费用发生、融资发生情况;采购总监记录原材料订货、出入库情况;生产总监记录生产线建设和变动情况,及在制品变化情况;营销总监记录生产资格、ISO、市场开发情况,产成品的出入库情况。

表 2-6 是 ERP 沙盘企业经营流程表,并将实物盘面与"商战"系统操作要点列出。

表 2-6 经营流程表

手工操作流程	系统操作	系统操作要点	系统操作次数限制
投放广告	投放广告	输入广告费确认	1 次/年
参加订货会/登记订单	参加订货会	选单	1 次/年
参加竞拍会/登记订单	参加竞拍会	竞单	1 次/年(可能无)
支付应付税	投放广告	系统自动	
支付长贷利息	投放广告	系统自动	
更新长期贷款/长期贷款还款	投放广告	系统自动	
申请长期贷款	申请长贷	输入贷款数额并确认	不限
季初盘点(请填余额)	当季开始	产品下线,生产线完工(自动)	1 次/季
更新短期贷款/短期贷款还本付息	当季开始	系统自动	1 次/季
申请短期贷款	申请短贷	输入贷款数额并确认	1 次/季
原材料入库/更新原料订单	更新原料库	需要确认付款金额	1 次/季
下原料订单	下原料订单	输入并确认	1 次/季

---

1. 教师也可以增加一些环节,如组间交易、企业间并购。

(续表)

手工操作流程	系统操作	系统操作要点	系统操作次数限制
购买/租用——厂房	购置厂房	选择并确认，自动扣现金	不限
更新生产/完工入库	当季开始	系统自动	1次/季
新建/在建/转产/变卖——生产线	新建生产线，在建生产线，生产线转产，变卖生产线	选择并确认。生产线转产，变卖生产线在生产线上直接操作	新建/转产/变卖——不限，在建——1次/季
紧急采购(随时进行)	紧急采购	选择并确认(随时进行)	不限
开始下一批生产	下一批生产	选择并确认，在生产线上直接操作	不限
更新应收款/应收款收现	应收款更新	确认	1次/季
按订单交货	按订单交货	选择交货订单并确认	不限
产品研发投资	产品研发	选择并确认	1次/季
厂房——出售(买转租)/退租//租转买	厂房处理	选择确认，出售自动转4季应收款	不限
新市场开拓/ISO资格投资	市场开拓，ISO投资	仅第4季允许操作	1次/年
支付管理费/更新厂房租金	当季(年)结束	系统自动	1次/季
季末对账(请填余额)	当季(年)结束	系统自动	1次/季
出售库存(随时进行)	出售库存	输入并确认(随时进行)	不限
厂房贴现(随时进行)	厂房贴现	选择并确认(随时进行)	不限
应收款贴现(随时进行)	贴现	输入并确认(随时进行)	不限
观盘(由裁判发指令)	间谍	选择并确认(随时进行)	不限
缴纳违约订单罚款	当年结束	系统自动	1次/年
支付设备维修费	当年结束	系统自动	1次/年
计提折旧	当年结束	系统自动	1次/年
新市场/ISO资格换证	当年结束	系统自动	1次/年
结账	系统中填制报表	系统核对报表	1次/年

第3章

"商战"系统经营

3.1 "商战实践平台"介绍[1]

企业模拟经营分基于过程和基于纯决策两类,前者以"商战实践平台"为代表,后者以"GMC"和"商道"为代表。前者注重经营过程、模拟情景,适合没有企业经验的大中专学生;后者更侧重的是对诸多决策变量进行分析,适合于有企业经验的MBA学生或社会人士。前者的核心是模拟出企业经营场景并对过程进行合理控制;后者的核心是对经营变量的数学建模。前者总体看是一个白箱博弈过程,后者是一个黑箱博弈过程。对于没有企业经验的学生而言,首先就是获得经营的感性认识,然后以此为基础,在一步步决策过程中获取管理知识。

"商战实践平台"是继"创业者"企业模拟经营系统之后的新一代模拟经营类软件。该平台在继承ERP沙盘特点的基础上,同时吸收了众多经营类软件的优点。其特点如下:

- 全真模拟企业经营过程,感受市场竞争氛围,集成选单、多市场同选、竞拍、组间交易等多种市场方式。
- 自由设置市场订单和经营规则,订单和规则均是一个文件,只要置于对应目录下就可使用,并可与全国的同行交流规则和订单。
- 更友好的界面设置,更强的互动体验,操作简易直观。
- 系统采用B/S结构设计,内置信息发布功能,可以支持2~99个队同时经营。
- 经营活动全程监控,完整的经营数据记录,财务报表自动核对,经营数据以Excel格式导出,使教学管理更轻松。

---

[1] 为方便广大读者熟悉系统,特提供试用系统,部分功能有限制,申请地址为 http://tradewar.135e.com/。

- 软件自带数据引擎，无须借助外部数据库，免去了繁琐的数据库配置；自带 IIS 发布，无须做复杂的 IIS 配置，安装使用简便易行。
- 与实物沙盘兼容，可用于教学，用于竞赛更具优势。
- 作为每年"用友杯"全国大学生创业设计及沙盘模拟经营大赛的系统平台，使用过的参赛学校已经超过千所。

"商战"系统是在"创业者"企业模拟经营系统基础上研发而成的，两者区别如表 3-1 所示。

表 3-1 "商战"与"创业者"的区别

项　目	创　业　者	商　战
规则和订单	限制	自由配置
货币单位	百万(60 起步)	万(600 起步)，也可兼容创业者
界面		更友好直观
支持企业数	2~18 标准	2~99 标准
市场模式	选单	选单＋竞单招标
安装		更方便简单

3.2 "商战"系统组成

"商战"系统的组成如表 3-2 所示。

表 3-2 "商战"系统内容说明

序　号	名　称	说　明
1	安装主程序	需要和加密狗匹配使用
2	使用说明(前台)	学生操作手册
3	使用说明(后台)	管理员(教师)操作手册
4	安装说明	系统安装说明文件
5	经营流程表	训练时学生用表(任务清单及记录)
6	会计报表	各年会计报表
7	重要经营规则	快速查询主要规则，系统中直接查询
8	市场预测	系统中直接查询
9	Aports	查找、关闭占用 80 端口程序的工具
10	实物沙盘盘面	配合系统使用，一个队一张
11	摆盘卡片	用于摆放实物沙盘

特别说明：本表所列资料部分可通过 http://tradewar.135e.com/Download/下载。

"商战"系统以创业模式经营,即初始只有现金(股东资本)。就标准规则而言,一般以600W(万)为宜,若初次经营可放宽至650W,熟悉后或比赛可设为550W。

学生端界面如图 3-1 所示,和实物盘面类似,也可分为生产中心、财务中心、营销与规划中心及物流中心,操作区显示当前有权限的操作,另外还可以查询规则、市场预测信息。

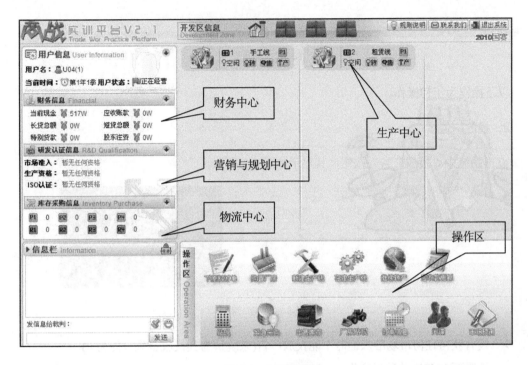

图 3-1 学生端界面

3.3 经营规则与过程

下面将详细介绍"商战"系统操作规则,同时还会简略介绍实物沙盘的摆放要点。

1. 首次登录

在 IE 地址栏中输入"http://服务器地址"(若非 80 端口,则输入"http://服务器地址:端口")进入系统(如图 3-2 左图所示),登录用户名为裁判分配的 U01、U02、U03 等,初始密码为"1"。系统需要修改登录密码,填写公司名称、公司宣言及各角色姓名(如图 3-2 右图所示)。

图 3-2　登录

以下操作为年初操作。

2. 投放广告

双击系统中"投放广告"按钮，其显示如图 3-3 所示。

 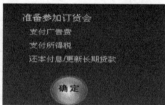

图 3-3　投放广告

- 没有获得任何市场准入证时不能投放广告(系统认为其投放金额只能为 0)。
- 不需要对 ISO 单独投广告。
- 在投放广告窗口中，市场名称为红色表示尚未开发完成，不可投广告。
- 产品资格未开发完成可以投放广告。
- 完成所有市场产品投放后，"确认支付"后不能返回更改。
- 投放广告确认后，长贷本息及税金同时被自动扣除(其中长贷利息是所有长贷加总后乘以利率再四舍五入)。

特别提示

- 我们将一个市场与产品的组合称为回合。如图 3-3 所示，分别是：(本地，P1)、(本地，P2)、(本地，P3)、(本地，P4)；(区域，P1)、(区域，P2)……(国际，P3)、(国际，P4)20 个回合。
- 在一个回合中，每投放 10W(为参数，称为最小得单广告额，可修改)广告费将获得一次选单机会，此后每增加 20W(最小得单广告额 2 倍)，多一次选单机会。如：投入 70W

表示最多有 4 次机会，但是能否行使 4 次机会取决于市场需求、竞争态势。若投小于 10W 广告费则无选单机会，但仍扣广告费，对计算市场广告额有效。广告投放可以是非 10 的倍数、如 11W、12W，且投 12W 比投 11W 或 10W 优先选单。

摆盘：

- 将标有相应金额的卡片置于盘面广告费、税金、利息处(长贷利息)。
- 长贷处卡片向现金方向移动一格，检查是否有需要归还的本钱。
- 减少库存现金。

3. 获取订单

“商战”系统有两种市场方式可以获得订单，即选单与竞单。

(1) 参加订货会——选单

上述投放广告针对的是选单，如图 3-4 所示。

U24参加第2年订货会，当前回合为 本地市场，P1产品，选单用户U19，剩余选单时间为21秒

ID	用户	产品广告	市场广告	销售	违约	次数
1	U19	100	300	0	无	5次
2	U23	39	71	0	无	2次
3	U05	30	60	0	无	2次
4	U08	30	30	0	无	2次
5	U07	20	84	0	无	1次
6	U13	15	60	0	无	1次
7	U16	11	44	0	无	1次
8	U22	11	44	0	无	1次
9	U12	10	65	0	无	1次
10	U03	10	40	0	无	1次
11	U24	10	40	0	无	1次
12	U01	10	10	0	无	1次
13	U17	10	10	0	无	1次

ID	编号	总价	单价	数量	交货期	账期	ISO	操作
1	19-2-1101	100	50.00	2	3	1	-	-
2	19-2-1102	140	46.67	3	2	2	-	-
3	19-2-1103	100	50.00	2	1	3	-	-
4	19-2-1104	150	50.00	3	4	3	-	-
5	19-2-1105	200	50.00	4	4	3	-	-
6	19-2-1106	190	47.50	4	4	1	-	-
7	19-2-1107	290	48.33	6	4	2	-	-
8	19-2-1108	150	50.00	3	3	4	-	-
9	19-2-1109	290	48.33	6	4	3	-	-
10	19-2-1110	200	50.00	4	4	3	-	-
11	19-2-1111	50	50.00	1	4	0	-	-
12	19-2-1112	190	47.50	4	4	1	-	-
13	19-2-1113	340	48.57	7	4	2	-	-
14	19-2-1114	250	50.00	5	3	1	-	-
15	19-2-1115	110	55.00	2	4	2	-	-
16	19-2-1116	150	50.00	3	3	3	-	-

图 3-4 选单

- 系统自动依据以下规则确定选单顺序：上年市场销售第一名(且无违约)为市场老大，优先选单；若有多队销售并列第一，则市场老大由系统随机决定，可能为其中某队，也可能无老大(本条适用于规则中市场老大设置为“有”)。之后以本回合广告额投放大小顺序依次选单如果本回合广告额相同，那么看本市场广告投放总额；如果本市场广告总额也相同，那么看上年本市场销售排名；如仍无法决定，先投广告者先选单。第一年无订单。
- 每回合选单可能有若干轮，每轮选单中，各队按照排定的顺序，依次选单，但只能选一张订单。当所有队都选完一轮后，若再有订单，有两次选单机会的各队进行第二轮选单。依此类推，直到所有订单被选完或所有队退出选单为止，本回合结束。
- 当轮到某一公司选单时，“系统”以倒计时的形式，给出本次选单的剩余时间，每次选单的时间上限为系统设置的选单时间，即在规定的时间内必须做出选择(选定或放弃)，

否则系统自动视为放弃选择订单。无论是主动放弃还是超时系统放弃，都将视为放弃本回合的所有选单。

- 放弃某回合中一次机会，视同放弃本回合中所有机会，但不影响以后回合的选单，且仍可观看其他队选单。
- 选单权限系统自动传递。
- 系统自动判定是否有ISO资格。
- 选单时可以根据订单各要素(总价、单价、交货期、账期等)进行排序，辅助选单。

系统允许多个(参数)市场同时进行选单，如图3-5所示。若以两个市场同时开单为例，各队需要同时关注两个市场的选单进程，其中一个市场先结束，则第三个市场立即开单，即任何时候都会有两个市场同开，除非到最后只剩下一个市场选单未结束。如果某年有本地、区域、国内、亚洲四个市场有选单，那么系统首先将本地、区域同时放单，各市场按P1、P2、P3、P4顺序独立放单，若本地市场选单结束，则国内市场立即开单，此时区域、国内两市场保持同开；紧接着区域结束选单，则亚洲市场立即放单，即国内、亚洲两市场同开；选单时各队需要单击相应“市场”按钮，一市场选单结束，系统不会自动跳到其他市场。

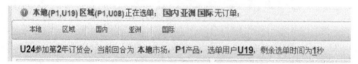

图3-5　多市场同开

(2) 参加竞拍会——竞单

竞单也称为竞拍或者招标，如图3-6所示。竞单在选单后，不一定年年有，裁判会事先公布某几年有。

U03参加第3年竞拍会，当前回合剩余竞拍时间为31秒

9	28J16	本地	P3	4	-	完成	U18	360W	2季	2季
10	28J17	本地	P3	3	9	完成	U01	315W	2季	4季
11	28J18	本地	P3	2	-	完成	U02	170W	2季	2季
12	28J25	本地	P4	3	9 14	完成	U13	309W	1季	0季
13	28J11	区域	P1	2	-	完成	U10	110W	1季	4季
14	28J08	区域	P2	5	-	完成	U09	440W	1季	0季
15	28J19	区域	P2	3	9	完成	U10	220W	2季	2季
16	28J21	区域	P2	2	-	完成	U19	176W	1季	2季
17	28J09	区域	P3	4	-	完成	U01	409W	1季	4季
18	28J10	区域	P3	3	-	完成	U17	320W	1季	1季
19	28J20	区域	P3	5	-	设置竞价	-	-	-	-
20	28J26	区域	P4	2	14	设置竞价	-	-	-	-
↑本用户出价								300W	4季	0季
21	28J27	区域	P4	4	-	等待	-	-	-	-
22	28J14	国内	P1	4	9 14	等待	-	-	-	-
23	28J23	国内	P2	4	-	等待	-	-	-	-
24	28J12	国内	P3	5	9 14	等待	-	-	-	-
25	28J13	国内	P3	5	-	等待	-	-	-	-
26	28J22	国内	P3	3	-	等待	-	-	-	-
27	28J24	国内	P3	3	14	等待	-	-	-	-

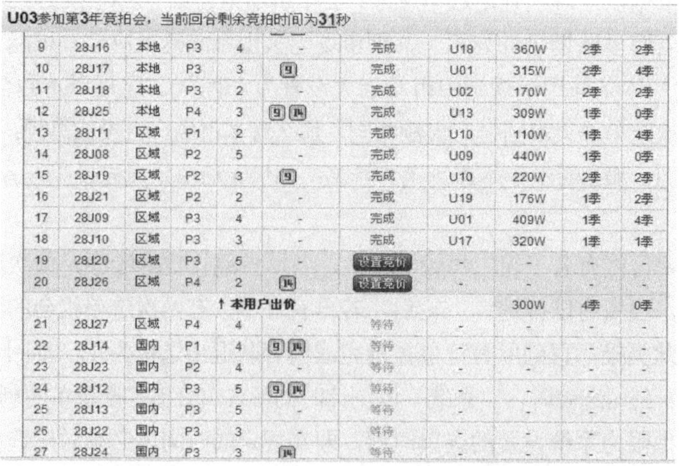

图3-6　竞单

参与竞拍的订单(和选单结构完全一样)标明了订单编号、市场、产品、数量、ISO要求等，而总价、交货期、账期三项为空。此三项要求各个队伍根据情况自行填写。系统默认的总价是成本价，交货期为1，账期为4。

参与竞拍的公司需要有相应市场、ISO认证的资质，但不必有生产资格。

中标的公司需为该单支付10W(等于最小得单广告额，为可变参数)标书费，在竞拍会结束后一次性扣除，计入广告费。

若(已竞得单数＋本次同时竞单数)×最小得单广告额>现金余额，则不能再竞单。即必须有一定现金库存作为保证金。例如同时竞3张订单，库存现金为54W，已经竞得3张订单，扣除了30W标书费，还剩余24W库存现金，则不能继续参与竞单，因为万一再竞得3张，24W库存现金不足支付标书费30W。

为防止恶意竞单，对竞得单张数进行了限制，若"某队已竞得单张数>ROUND(3×该年竞单总张数/参赛队数)"，则不能继续竞单。

> **特别提示**

> - ROUND表示四舍五入。
> - 如上式为等于，可以继续参与竞单。
> - 参赛队数指经营中的队伍数量，若破产继续经营也算在其内，破产退出经营则不算在其内。

如某年竞单共有40张，20队(含破产继续经营)参与竞单，当一队已经得到7张单，因为7>ROUND(3×40/20)，所以不能继续竞单；但如果已经竞得6张，可以继续参与。

参与竞拍的公司需根据所投标的订单，在系统规定时间(为参数，以倒计时秒形式显示)填写总价、交货期、账期三项内容，确认后由系统按照下列算式计算：

得分＝100＋(5－交货期)×2＋应收账期－8×总价/(该产品直接成本×数量)

以得分最高者中标，如果计算分数相同，那么先提交者中标。

> **特别提示**

> - 总价不能低于(可以等于)成本价，也不能高于(可以等于)成本价的3倍。
> - 必须为竞单留足时间，如在倒计时小于等于5秒时再提交，可能无效。
> - 竞得订单与选中订单一样，算市场销售额，对计算市场老大有效，违约扣违约金；竞单时不允许紧急采购，不允许市场间谍。

摆盘：

选单及竞单过程在系统中完成，也可以手工方式进行，但过程较复杂，各队将订单卡片(可自行填写或裁判统一填写发送)置于盘面物流中心订单处。

4. 申请长期贷款(如图 3-7 所示)

图 3-7　申请长贷

- 订货会结束后直接操作，一年只能操作一次，但可以申请不同年份的若干笔。
- 此操作必须在"当季开始"之前。
- 不可超出最大贷款额度，即长短贷总额(已贷＋欲贷)不可超过上年权益规定的倍数(为参数，默认为 3 倍)。
- 可选择贷款年限，但不可超过最大长贷年限(为参数)，确认后不可更改。
- 贷款额为不小于 10 的整数。
- 计算利息时，所有长贷之和×利率，然后四舍五入。

摆盘：

增加现金，同时在长贷处增加不同年份贷款。

以下操作为四季操作。

5. 四季任务启动与结束(如图 3-8 所示)

图 3-8　四季任务启动与结束

- 每季经营开始及结束需要确认——当季开始、当季(年)结束(第四季显示为当年结束)。
- 请注意操作权限，亮色按钮为可操作权限。
- 若破产则无法继续经营，自动退出系统，可联系裁判。
- 现金不够请紧急融资(出售库存、贴现、厂房贴现)。
- 更新原料库和更新应收款为每季必走流程，且这两步操作后，前面的操作权限将关闭，后面的操作权限打开。
- 对经营难度无影响的情况下，对操作顺序并无严格要求，建议按流程走。

摆盘：

每季开始与结束请核对现金。

6. 当季开始(如图 3-9 所示)

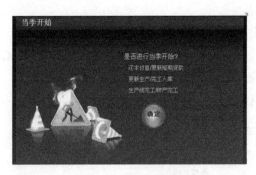

图 3-9 当季开始

- 选单结束或长贷后可以当季开始。
- 开始新一季经营必须当季开始。
- 系统自动扣除短贷本息。
- 系统自动完成更新生产、产成品完工入库、生产线建设完工及转产完工操作。

摆盘：

- 核对现金是否准确。
- 所有短贷向现金方向移动一格，归还到期短贷本息——将标有短贷利息金额的卡片置于财务中心利息处，同时减少相当于归还短贷本息之和的现金。
- 生产总监将各生产线上的在制品推进一格(从小数目方格推到大数目方格)。产品下线表示产品完工，将产品放置于相应的产品库中。
- 生产线安装完成后，盘面上必须将投资额放在净值处，以证明生产线安装完成，并将生产线标志翻转过来。
- 转产完成后，将转产费置于财务中心转产费处。

7. 当季结束(如图 3-10 所示)

图 3-10 当季结束

- ➢ 一季经营完成需要当季结束确认；
- ➢ 系统自动扣管理费(10W/季，为参数)及续租租金，并且检测产品开发完成情况。

摆盘：

- ➢ 核对现金是否准确。
- ➢ 扣除管理费置于财务中心管理费处。
- ➢ 若厂房租金到期，需付下一年度租金，减少现金置于财务中心租金处。
- ➢ 若生产资格开发完成，可将资格证置于相应位置。

8. 申请短贷(如图 3-11 所示)

图 3-11　申请短贷

- ➢ 一季只能操作一次。
- ➢ 申请额为不小于 10 的整数。
- ➢ 不可超出最大贷款额度，即长短贷总额(已贷＋欲贷)不可超过上年权益规定的倍数(为参数，默认为 3 倍)。

摆盘：

增加现金，同时将标有贷款额的卡片置于短贷 Q4 处。

9. 更新原料库(如图 3-12 所示)

图 3-12　更新原料库

- ➢ 系统自动提示需要支付的现金(不可更改)。
- ➢ 执行"确认支付"即可，即使支付现金为 0 也必须执行。
- ➢ 系统自动扣减现金。

➢ 确认后，后续的操作权限方可开启("下原料订单"到"更新应收款")，前面操作权限关闭。
➢ 一季只能操作一次。

摆盘：

原料订单向库存方向移动一格，入库订单付款购买，减少现金，原料入库。

10. 下原料订单(如图3-13所示)

图3-13　下原料订单

➢ 输入所有需要的原料数量，然后单击"确认订购"按钮。
➢ 确认订购后不可退订。
➢ 可以不下订单。
➢ 一季只能操作一次。

摆盘：

原料卡片置于相应原料订单处，并标明数量。

11. 购置厂房(如图3-14所示)

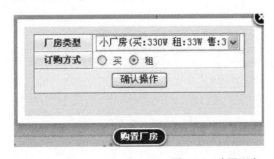 

图3-14　购置厂房

➢ 厂房可买可租。
➢ 最多只可使用四个厂房。
➢ 四个厂房可以任意组合，如租三买一或租一买三。

➢ 生产线不可在不同厂房间移位。

摆盘：

厂房置于厂房区，将标有买价金额的卡片置于"￥"处表示买，若租则将标有租金金额的卡片置于厂房"￥"处以及财务中心费用区租金处。

12. **新建生产线**(如图 3-15 所示)

图 3-15　新建生产线

➢ 需选择厂房、生产线类型、生产产品类型。
➢ 一季可操作多次，直至生产线位铺满。

摆盘：

投资新设备时，生产线标志背面朝上放置于厂房相应生产线位处，将首期投资额置于生产线上，并标明生产何种产品，同时扣除现金。

（特别提示）

➢ 新建生产线时便已经决定生产何种产品了，此时并不要求企业一定要有该产品生产资格。
➢ 手工线与租赁线即买即用，不需要安装周期。

13. **在建生产线**(如图 3-16 所示)

图 3-16　在建生产线

➢ 系统自动列出投资未完成的生产线。
➢ 复选需要继续投资的生产线。
➢ 可以不选——表示本季中断投资。
➢ 一季只可操作一次。

摆盘：

生产线购买之后，需要进行 2 期(含)以上投资的均为在建生产线。投资额增加，同时减少现金。

以自动线为例，安装周期为 3Q，总投资额为 150W，安装操作可按表 3-3 进行：

表 3-3 自动生产线的安装

操作时间/Q	投资额/W	进 度
1	50	启动 1 期安装
2	50	完成 1 期安装，启动 2 期安装
3	50	完成 2 期安装，启动 3 期安装
4		完成 3 期安装，生产线建成

投资生产线的支付不一定需要连续，可以在投资过程中中断投资，也可以在中断投资之后的任何季度继续投资，但必须按照上表的投资原则进行操作。

特别提示

- 一条生产线待最后一期投资到位后，必须到下一季度才算安装完成，允许投入使用。
- 生产线安装完成后，盘面上必须将投资额放在设备净值处，以证明生产线安装完成，并将生产线标志翻转过来。
- 参赛队之间不允许相互购买生产线，只允许向设备供应商(管理员)购买。
- 手工线与租赁线安装不需要时间，随买随用。

14. 生产线转产和继续转产(如图 3-17 所示)

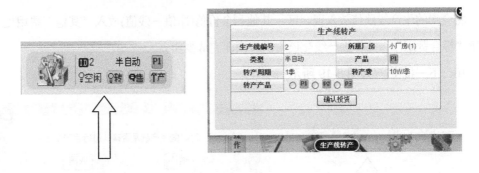

图 3-17 生产线转产

- 在生产线上直接单击要转产的生产线(建成且没有在产品的生产线)。
- 单选一条生产线，并选择要转产生产的产品。
- 手工线和柔性线若要转产，也必须操作，但不需要停产及转产费。

➢ 可多次操作。
➢ 若是转产周期为两期(含)以上,则需要继续转产,操作和在建生产线类似。

摆盘：

翻转生产线标志,并标明新生产产品,按季度向财务总监申请并支付转产费用,在投满转产费用后下一季,再次翻转生产线标志,开始新的生产。以自动线为例,转产需要一个周期,共 20W 转产费,在第 1 季度开始转产,投资 20W 转产费,第 2 季度完成转产,可以生产新产品。

15. 变卖生产线(如图 3-18 所示)

图 3-18　变卖生产线

➢ 在生产线上直接单击要变卖的生产线(建成后没有在制品的空置生产线,转产中生产线不可卖)。
➢ 变卖后,从净值中按残值收回现金,净值高于残值的部分记入当年费用的损失项目。

摆盘：

将变卖的生产线残值放入现金区,其他剩余价值(净值－残值)放入"其他"费用处,记入当年"综合费用",并将生产线交还给供应商即完成变卖。

16. 下一批生产(如图 3-19 所示)

 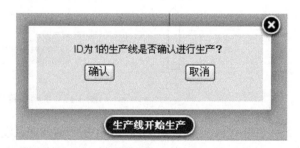

图 3-19　下一批生产

> 更新生产/完工入库后，某些生产线的在制品已经完工，同时某些生产线已经建成，可开始生产新产品。
> 自动检测原料、生产资格、加工费。
> 在生产线上直接单击生产。
> 系统自动扣除原料及加工费。

摆盘：

将产品标志置于生产线第 1 生产周期上，同时减少原料、现金(加工费)。

> **特别提示**

> 下一批生产前提有 3 个：原料、加工费、生产资格。
> 任何一条生产线在产品只能有一个。

17. 应收款更新(如图 3-20 所示)

图 3-20　应收款更新

> 单击系统自动完成更新。
> 此步操作后，前面的各项操作权限关闭(不能返回以前的操作任务)，并开启以后的操作任务——即按订单交货、产品开发、厂房处理权限。

摆盘：

将应收款向现金库方向推进一格，到达现金库时即成为现金，必须做好现金收支记录。

18. 按订单交货(如图 3-21 所示)

订单编号	市场	产品	数量	总价	得单年份	交货期	账期	ISO	操作
19-5-2408	区域	P3	3	240 W	第2年	3季	2季	-	确认交货
19-2-2305	区域	P3	1	80 W	第2年	4季	3季	-	确认交货
19-2-1310	本地	P3	2	140 W	第2年	4季	1季	-	确认交货
19-2-1212	本地	P2	4	250 W	第2年	4季	1季	-	确认交货
19-2-1207	本地	P2	2	130 W	第2年	4季	2季	-	确认交货
19-2-1203	本地	P2	3	180 W	第2年	4季	3季	-	确认交货
19-2-1111	本地	P1	1	50 W	第2年	4季	0季	-	确认交货

图 3-21　按订单交货

> 系统自动列出当年未交且未过交货期的订单。

> 自动检测成品库存是否足够，交货期是否过期。
> 单击"确认交货"按钮，系统自动增加应收款或现金。

订单有以下 5 个要素：

① 数量——要求各企业一次性按照规定数量交货，不得多交，不得少交，也不得拆分交货。

② 总价——交货后企业将获得一定的应收款或现金，记入利润表的销售收入。

③ 交货期——必须当年交货，不得拖到第二年，可以提前交货，不可推后，如规定 3 季交货，可以第 1、2、3 任意季交货，不可第 4 季交货，违约则订单收回。

④ 账期——在实际交货后过若干季度收到现金。若账期为 2Q，实际在第 3 季度完成交货，则将在下一年第 1 季度更新应收款时收到现金。

(特别提示)

> 收现时间从实际交货季度算起。
> 若账期为 0，则交货时直接收到现金。
> 不论当年应收款是否收现，均记入当年销售收入。

⑤ ISO 要求——分别有 ISO 9000 及 ISO 14000 两种认证，企业必须具备相应认证，方可获得有认证要求的订单。

摆盘：

营销总监检查各成品库中的成品数量是否满足客户订单要求，满足则按照客户订单交付约定数量的产品给客户。若为现金(0 账期)付款，营销总监直接将现金置于现金库；若为应收账款，营销总监将现金置于应收款相应账期处。

19．产品研发(如图 3-22 所示)

图 3-22　产品研发

> 复选操作，需同时选定要开发的所有产品，一季只允许操作一次。
> 单击"确认研发"按钮确认并退出本窗口，一旦退出，则本季度不能再次进入操作。
> 当季(年)结束系统检测开发是否完成。

摆盘：

研发费用置于相应产品的生产资格位置。

20. 厂房处理(如图 3-23 所示)

图 3-23　厂房处理

- 本操作适用于已经在用的厂房，若要新置厂房，请操作"购置厂房"。
- 如果拥有厂房且无生产线，可卖出，增加 4Q 应收款，并删除厂房。
- 如果拥有厂房但有生产线，卖出后增加 4Q 应收款，自动转为租，并扣当年租金，记下租入时间。
- 租入厂房如果离上次付租金满 1 年(如上年第 2 季起租，到下年第 2 季视为满 1 年)，可以转为购买(租转买)，并立即扣除现金；如果无生产线，可退租并删除厂房。
- 租入厂房离上次付租金满 1 年，如果不执行本操作，视为续租，并在当季结束时自动扣下一年租金。

摆盘：

出售厂房增加应收款置于 4Q 处；转租或买时参照"购置厂房"操作。

21. 市场开拓(如图 3-24 所示)

图 3-24　市场开拓

- 复选所要开发的市场，然后单击"确认研发"按钮。
- 只有第 4 季可操作一次。
- 第 4 季结束(即当年结束)，系统自动检测市场开拓是否完成。

摆盘：

研发费用置于相应市场准入资格位置。

> **特别提示**

若第 1 年第 4 季不操作市场开拓，则第 2 年初会因无市场资格而无法投广告选单。

22. ISO 投资(如图 3-25 所示)

图 3-25　ISO 投资

- 复选所要投资的资格，然后单击"确认研发"按钮。
- 只有第 4 季可操作一次。
- 第 4 季结束(即当年结束)系统自动检测 ISO 资格是否完成。

摆盘：

研发费用置于相应 ISO 资格位置。

23. 当年结束(如图 3-26 所示)

图 3-26　当年结束

第 4 季经营结束，需要当年结束，确认一年经营完成。系统会自动完成以下任务：

- 支付第 4 季管理费。
- 如果有租期满 1 年的厂房，续付租金。
- 检测产品开发完成情况。
- 检测市场开拓及 ISO 开拓完成情况。

- ➢ 支付设备维修费。
- ➢ 计提折旧。
- ➢ 违约扣款。
- ➢ 系统会自动生成综合费用表、利润表和资产负债表三大报表。
- ➢ 需要在客户端填写资产负债表，如图 3-27 所示。系统自动检测正确与否，不正确会提示，可以不填写报表，不影响后续经营。

资产负债表			
现金	1 W	长期贷款	0 W
应收款	0 W	短期贷款	0 W
在制品	0 W	特别贷款	0 W
产成品	0 W	应交所得税	0 W
原材料	0 W		
流动资产合计	0 W	负债合计	0 W
厂房	0 W	股本资本	0 W
生产线	0 W	利润留存	0 W
在建工程	0 W	年度净利	0 W
固定资产合计	0 W	所有者权益合计	0 W
资产总计	0 W	负债和所有者权益总计	0 W

图 3-27 填写报表

摆盘：

管理费、厂房租金、维修费置于财务中心相应费用区，违约扣款置于"其他"处。折旧计提需要减少生产线净值，置于财务中心"折旧"处。若生产资格、市场准入资格、ISO 资格开发完成，可将资格证置于相应位置。完成手工财务处理，需要清除盘面上各类费用(不包括未开发完成的生产资格、市场准入资格、ISO 资格费用)。

以下为特殊运行任务，指不受正常流程运行顺序的限制，当需要时就可以操作的任务。此类操作分为两类，第一类为运行类操作，这类操作改变企业资源的状态，如固定资产变为流动资产等；第二类为查询类操作，该类操作不改变任何资源状态，只是查询资源情况。

24．厂房贴现(如图 3-28 所示)

图 3-28 厂房贴现

- 任意时间可操作。
- 如果无生产线，厂房原值售出后，售价按 4 季应收款全部贴现。
- 如果有生产线，除按售价贴现外，还要再扣除租金。
- 系统自动全部贴现，不允许部分贴现。

摆盘：

参照出售厂房与贴现操作。

25. 紧急采购(如图 3-29 所示)

图 3-29　紧急采购

- 可在任意时间操作(竞单时不允许操作)。
- 单选需购买的原料或产品，填写购买数量后确认订购。
- 原料及产品的价格列示在右侧栏中——默认原料是直接成本的 2 倍(为参数，可修改)，成品是直接成本的 3 倍(为参数，可修改)。
- 当场扣款到货。
- 购买的原料和产品均按照直接成本计算，高于直接成本的部分，记入综合费用表损失项。

摆盘：

减少现金，增加库存，同时将高于直接成本部分置于盘面"其他"处。

26. 出售库存(如图 3-30 所示)

原料	库存数量	销售价格	出售数量
R1	0	8.0 W/个	0
R2	4	8.0 W/个	0
R3	8	8.0 W/个	0
R4	0	8.0 W/个	0

确认出售

产品	库存数量	销售价格	出售数量
P1	0	20.0 W/个	0
P2	9	30.0 W/个	0
P3	0	40.0 W/个	0
P4	0	50.0 W/个	0

确认出售

图 3-30 出售库存

➢ 可在任意时间操作。
➢ 填入售出原料或产品的数量，然后确认出售。
➢ 原料、成品按照系统设置的折扣率回收现金——默认原料为 8 折，成品为直接成本。
➢ 售出后的损失部分记入费用的损失项。
➢ 所得现金四舍五入(已出售的原料或成品相加再乘以折扣)。

摆盘：

增加现金，减少库存，同时将低于直接成本部分置于盘面“其他”处。

27. 贴现(如图 3-31 所示)

剩余账期	应收款	贴现额
1季	0W	0 W
2季	0W	0 W

剩余账期	应收款	贴现额
3季	0W	0 W
4季	0W	0 W

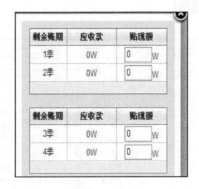

图 3-31 贴现

➢ 1、2 季与 3、4 季分开贴现。
➢ 1、2 季或 3、4 季应收款加总贴现。

- 可在任意时间操作且次数不限。
- 填入贴现额应小于等于应收款。
- 贴现额乘以对应贴现率，求得贴现费用(向上取整)，贴现费用记入财务费用，其他部分增加现金。

摆盘：

增加现金，贴息置于财务中心"贴息"处。

28. 间谍(商业情报收集，如图 3-32 所示)

图 3-32　间谍

- 任意时间均可操作(竞单时不允许操作)；可查看任意一家企业信息，花费 1W(可变参数)可查看一家企业情况，包括资质、厂房、生产线、订单等(不包括报表)。
- 以 Excel 表格形式提供。
- 可以免费获得自己的相关信息。

摆盘：

此功能相当于各队之间的观盘。

29. 订单信息(如图 3-33 所示)

订单编号	市场	产品	数量	总价	状态	得单年份	交货期	账期	ISO	交货时间
19-3-3304	国内	P3	2	170 W	未完成	第3年	4季	1季		
19-3-3208	国内	P2	2	170 W	已交单	第3年	4季	2季	-	第3年2季
19-3-3207	国内	P2	1	80 W	未完成	第3年	1季	2季	-	
19-3-2301	区域	P3	1	90 W	未完成	第3年	4季	1季	14	
19-3-2212	区域	P2	2	170 W	未完成	第3年	4季	4季		
19-3-1307	本地	P3	2	170 W	未完成	第3年	4季	2季	9	
19-3-1210	本地	P3	3	230 W	已交单	第3年	4季	2季	-	第3年1季
19-2-2207	区域	P2	1	70 W	已交单	第2年	4季	2季	-	第2年2季
19-2-2109	区域	P1	3	130 W	已交单	第2年	4季	2季	-	第2年4季
19-2-2104	区域	P1	3	150 W	已交单	第2年	4季	2季	-	第2年3季
19-2-1210	本地	P2	3	180 W	已交单	第2年	4季	3季	-	第2年3季

图 3-33　订单信息

- 任意时间可操作。
- 可查所有订单信息及状态。

30. 查看市场预测(如图 3-34 所示)

序号	年份	产品	本地	区域	国内	亚洲	国际
1	第2年	P1	49.39	47.08	0	0	0
2	第2年	P2	62.73	68.08	0	0	0
3	第2年	P3	71.67	77.86	0	0	0
5	第3年	P1	46.44	51.2	49.72	0	0
6	第3年	P2	77.5	78.12	80.54	0	0
7	第3年	P3	83.04	86.21	86.4	0	0
8	第3年	P4	100	128.24	125.31	0	0
9	第4年	P1	44.36	47.89	43.95	40	0
10	第4年	P2	82.82	74.55	80.67	66.86	0
11	第4年	P3	88.75	85	82.38	87.5	0
12	第4年	P4	139.71	133.48	133.61	134.5	0
13	第5年	P1	40.97	48.46	42.31	38.33	57.27
14	第5年	P2	75	61.33	69.63	64.52	71.72
15	第5年	P3	88.71	91.5	81.74	89.57	79.5
16	第5年	P4	132.68	125.93	131	132.5	0
17	第6年	P1	36.82	45.45	39.13	33.33	59.13

图 3-34 市场预测

- 任意时间可查看。
- 只包括选单。

31. 破产检测

- 广告投放完毕、当季开始、当季(年)结束、更新原料库等处,系统自动检测已有库存现金加上最大贴现及出售所有库存及厂房贴现,是否足够本次支出,若不够,则破产退出系统;如需继续经营,联系管理员(教师)进行处理。
- 当年结束,若权益为负,则破产退出系统,如需继续经营,联系管理员(教师)处理。

32. 小数取整处理规则

- 违约金扣除(每张违约单单独计算)——四舍五入。
- 库存拍卖所得现金——四舍五入。
- 贴现费用——向上取整。
- 扣税——四舍五入。

33. 操作小贴士

- 需要付现操作系统均会自动检测,若不够,则无法进行下去。
- 请注意更新原料库及更新应收款两个操作,它是其他操作之开关。
- 多个操作权限同时打开,对操作顺序并无严格要求,但建议按顺序操作。
- 可通过 IM(InstantMessaging)与管理员联系。

> 市场开拓与 ISO 投资仅第 4 季可操作。
> 操作中发生显示不当,立即执行"刷新"命令(按 F5 键)或退出重登。

3.4 账务处理

经营流程表可以看做是简单的现金流量表,它将每一步操作的现金收支情况作出记录;但又不完全等同于现金流量表,根据不同岗位也可记录一些与现金无关的内容。一个年度经营细节在此表中可查询,记录如果较为规范,便于查找错误。

综合费用表用于记录企业在一个会计年度中发生的各项费用。

利润表是企业在一定期间的经营成果,表现为企业在该期间所取得的利润,它是企业经济效益的综合体现,又称为损益表或收益表。

资产负债表是企业对外提供的主要财务报表。它是根据资产、负债和所有者权益之间的相互关系,即"资产=负债+所有者权益"的恒等关系,按照一定的分类标准和一定的次序,把企业特定日期的资产、负债和所有者权益三项会计要素所属项目予以适当排列,并对日常会计工作中形成的会计数据进行加工、整理后编制而成的,其主要目的是反映企业在某一特定日期的财务状况。通过资产负债表,可以了解企业所掌握的经济资源及其分布情况;了解企业的资本结构;分析、评价、预测企业的短期偿债能力和长期偿债能力;正确评估企业的经营业绩。

表 3-4 列出了经营流程表中各项任务对应的账务处理要点。

表 3-4 账务处理要点

流　程	说　明
新年度规划会议	无
投放广告	记入综合费用表广告费
选单及竞单/登记订单	无
支付应付税	无
支付长贷利息	记入利润表财务费用
更新长期贷款/长期贷款还款	无
申请长期贷款	无
季初盘点(请填余额)	无
更新短期贷款/短期贷款还本付息	利息记入利润表财务费用
申请短期贷款	无

(续表)

流　程	说　明
原材料入库/更新原料订单	无
下原料订单	无
购买/租用——厂房	记入综合费用表厂房租金
更新生产/完工入库	无
新建/在建/转产/变卖——生产线	记入综合费用表转产费或其他损失
紧急采购(随时进行)	记入综合费用表其他损失
开始下一批生产	无
更新应收款/应收款收现	无
按订单交货	记入利润表销售收入和直接成本
产品研发投资	记入综合费用表产品研发
厂房——出售(买转租)/退租/租转买	租金记入综合费用表
新市场开拓/ISO资格投资	记入综合费用表ISO资格认证
支付管理费/更新厂房租金	记入综合费用表管理费及厂房租金
出售库存	记入综合费用表其他损失
厂房贴现	租金记入综合费用表，贴息记入利润表财务费用
应收款贴现	贴息记入利润表财务费用
缴纳违约订单罚款	记入综合费用表其他损失
支付设备维修费	记入综合费用表设备维护费
计提折旧	记入利润表折旧
新市场/ISO资格换证	无

完成一年经营后，首先根据盘面或系统各费用项生成综合费用表，之后再生成利润表。利润表数据来源及勾稽关系如表3-5所示。

表3-5　利润表数据来源及勾稽关系

编号	项　目	数据来源	勾稽关系
1	销售收入	产品核算统计表	—
2	直接成本	同上	—
3	毛利		=1－2
4	综合费用	综合费用表	—
5	折旧前利润		=3－4
6	折旧	盘面或系统	—

(续表)

编号	项目	数据来源	勾稽关系
7	支付利息前利润		=5－6
8	财务费用	盘面或系统	—
9	税前利润		=7－8
10	所得税	税前利润的25%[1]	—
11	年度净利		=9－10

> **特别提示**

> ➢ 销售收入——不论该销售有无收现，均记入当年销售收入。
> ➢ 直接成本——已经实现销售的成品的直接成本。
> ➢ 财务费用——含长贷利息、短贷利息及贴息(只记已经付现的费用)。

完成利润表后，可以生成资产负债表，其数据来源如表3-6所示。

表3-6 资产负债表数据来源

项目	来源说明	项目	来源说明
现金	盘面或系统	长期负债	盘面或系统
应收款	盘面或系统	短期负债	盘面或系统
在制品	盘面或系统	应交所得税	本年利润表
产成品	盘面或系统	—	—
原材料	盘面或系统	—	—
流动资产合计	以上各项目之和	负债合计	以上三项之和
厂房	盘面或系统	股东资本	初始设定(不变)
生产线	盘面或系统	利润留存	上年利润留存+上年年度净利
在建工程	盘面或系统	年度净利	本年利润表
固定资产合计	以上三项之和	所有者权益合计	以上三项之和
资产总计	流动资产合计+固定资产合计	负债和所有者权益总计	负债合计+所有者权益合计

---

1. 如果企业本年税前利润在弥补前五年亏损之后，仍有盈利，则"盈利部分×所得税率"计入当年所得税，并在下一年初交纳。若第1～3年税前利润分别为-5W、-6W、20W，则第1年和第2年不计税，第3年计税为(-5-6+20)×25%=2.25W，则实际支付2W(四舍五入)，并在第4年初付现缴纳，因第3年交过税，则该年未算所得税的1W应税利润可免税。

算所得税时还可能会遇到一种情况，如第1、2、3年税前利润分别为-5W、6W、3W，第2年产生应税利润1W，1×25%=0.25，四舍五入后当年不计税；但因第2年未交税，该1W应税利润要累计到下一年，故第3年应税利润为1+3=4W，计1W税。

更为详细的说明见第5章。

> **特别提示**

在制品、产成品、原材料入账的是价值,而非数量。

3.5 教学管理

3.5.1 经营前准备

1. 学生

- 角色到位——总经理、财务总监、生产总监、营销总监、采购总监。
- 每队至少联网电脑一台——输入经营决策。
- 经营流程表、会计报表、预算表、产品核算统计表等若干。

2. 管理员(教师)

服务启动遵循下列步骤:

(1) 插入加密锁(USB)。

(2) 双击桌面上的"商战控制台"图标,然后单击控制台"系统启动",当桌面右下角出现"商战"标志时,服务启动成功,如图 3-35 所示。

(3) 可单击控制台上的"系统配置",更改访问端口及自动备份时间。

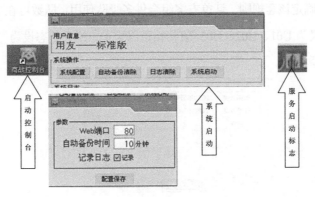

图 3-35 系统启动

3.5.2 系统准备

(1) 打开 IE,输入"http://服务器地址/manage"(若使用非 80 端口,则输入"http://服务器地址/manage：端口"），输入默认系统管理员账号及密码(账号 admin，初始密码为 1，使用时务必修改密码)。系统管理员(admin)是系统自带的一个不可更改的管理员，拥有管理的最高权限，其功能有系统初始化、设置运行参数、添加运行管理员、备份还原数据。系统管理员界面如图 3-36 所示。

图 3-36　系统管理员界面

(2) 数据初始化，如图 3-37 所示。所有经营数据清零。选择规则方案和订单方案(参看规则、订单生成工具)，确定该套规则、订单方案组合供多少队使用，队数可在 2~99 队之间任意填写，并将用户名定义为 U01、U02、U03 等(初始密码为 1)，用户状态设为"未登记"，经营时间设为第 1 年第 1 季。

图 3-37　初始化

> **特别提示**
>
> 进行此项工作时，学生端需退出系统。

(3) 设置系统参数。可以根据训练需要，修改经营参数，也可以接受默认值，如图 3-38 所示。

违约金比例	20 %	贷款额倍数	3 倍
产品折价率	100 %	原料折价率	80 %
长贷利率	10 %	短贷利率	5 %
1，2期贴现率	10 %	3，4期贴现率	12.5 %
初始现金	600 W	管理费	10 W
信息费	1 W	所得税率	25 %
最大长贷年限	5 年	最小得单广告额	10 W
原料紧急采购倍数	2 倍	产品紧急采购倍数	3 倍
选单时间	40 秒	首位选单补时	25 秒
市场同开数量	2	市场老大	○ 有 ◉ 无
竞拍时间	90 秒	竞拍同拍数	3

信息确认

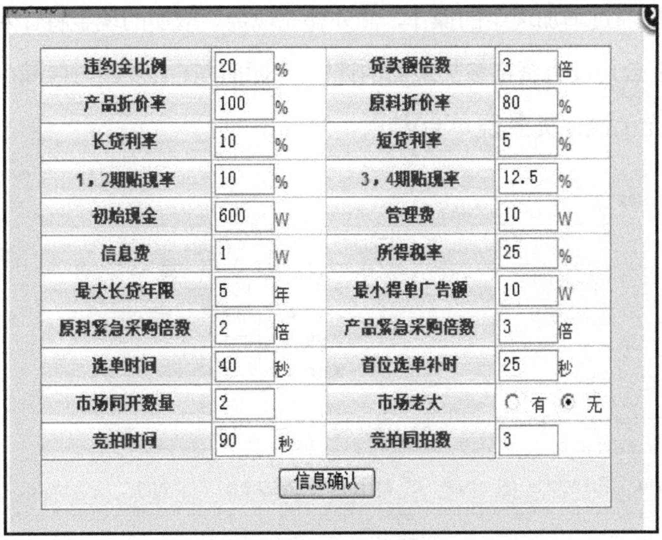

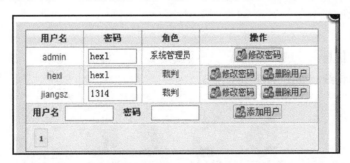

图 3-38 系统参数[1]

特别提示

- 经营初始状态只有现金，即各企业的创业资金。
- 经营过程中可以修改系统参数，随时生效(初始资金除外)。
- 必须先数据初始化，再修改系统参数方有效。
- 进行以上工作时学生端不可进入系统。

(4) 添加运行管理员。运行管理员负责查看企业资源状态、发布公共信息、订单管理等日常事务。双击“管理员列表”，添加新管理员，输入运行管理员的账号、密码，如图 3-39 所示。

用户名	密码	角色	操作
admin	hexl	系统管理员	修改密码
hexl	hexl	裁判	修改密码 删除用户
jiangsz	1314	裁判	修改密码 删除用户
用户名	密码		添加用户

1

图 3-39 添加运行管理员

(5) 以运行管理员身份登录系统，运行管理员具有以下权限。

1 首位选单补时：任一回合选单中，选第一张订单时系统比正常选单时间多给的时间。

➤ 用户资源查询及基本信息与经营状态修改，如图 3-40 所示。

不参与经营用户状态一定要设为"未登记"；可以将破产用户的状态设置为"正在经营"，使其继续运作；可以通过增加现金的操作，额外补充现金。增加的现金将计入特别贷款或股东资本(均不算税)，但公司没有资格参加最后的评比，也可以在必要的时候减少现金。可以将用户的经营数据还原至上次订货会(竞单会)结束。

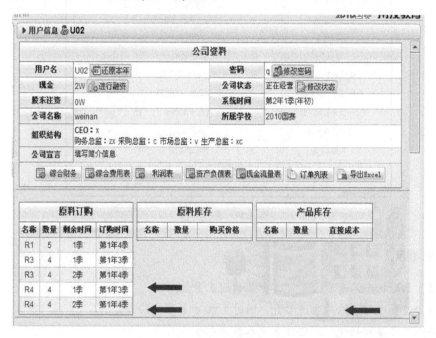

图 3-40 状态查询与修改

- ➤ 查询排行榜。
- ➤ 查询组间交易。
- ➤ 订单管理。
- ➤ 竞单管理。
- ➤ 查询公共信息。
- ➤ 查询订单详细，如图 3-41 所示。

图 3-41 运行管理员权限

3.5.3 企业登录注册

(1) 各队系统操作人员登录学生端(前台)，在 IE 地址栏中键入"http://服务器地址"或"http://服务器地址：端口"，以管理员为其分配的队名(U01、U02、U03 等和初始密码(均为 1)登录系统。

(2) 用户登记。首次进入系统需要修改密码、填写公司名称、宣言及各角色姓名，每一项都必须填。

3.5.4 企业经营及比赛管理

(1) 广告投放。各队在对市场预测研究的基础上，按市场、产品组合投入广告，并确认(红色表示该市场未开发完成)；双击参加订货会，进入等待订货会页面。

(特别提示

- ➢ 若一个市场都未开发，也需要确认投放(系统认为投放金额为 0)。
- ➢ 选单从第二年开始，第一年是基本建设年。
- ➢ 若第一年未开发市场，第二年就没有选单权限。

(2) 选单管理。管理员等待所有队伍均投放完广告后，可开始订货会。双击后台"订单管理"，出现如图 3-42 所示的界面。单击"开始选单"即可。

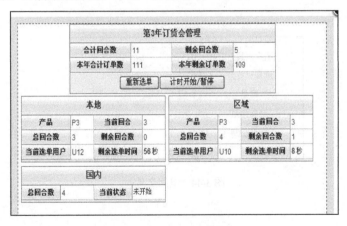

图 3-42 选单管理

(特别提示

- ➢ 若有队伍未投放广告，则无法开单。管理员想强行开始订货会，需将未投放广告的队伍取消参赛资格，将其状态由"正在经营"改成"破产"即可。
- ➢ 可以重选订单，也可以暂停倒计时。

(3) 竞单管理。某些年份选单结束后有竞单，如图3-43所示。

图3-43 竞单管理

> 特别提示

可以重竞，也可以暂停倒计时。

(4) 组间交易。各队之间协商一致后，可以到管理员处进行组间交易，管理员双击"组间交易"按钮，选择出货方(卖方)、入货方(买方)、交易产品、数量及总价，确认后即完成组间交易，如图3-44所示。

图3-44 组间交易

> 特别提示

➢ 出货方(卖方)账务处理视同销售，入货方视同紧急采购。
➢ 只允许现金交易，并且只能交易产成品。
➢ 管理员需要判断双方系统时间是否符合逻辑，是否存在合谋。
➢ 交易双方必须在同一年份。

(5) 各企业年内经营。可参照前述规则与流程完成4个季度的经营。

(6) 还原处理。各队在经营过程中会出现误操作或者因其他原因需要取消当前操作，管理员可以根据实际情况将用户数据还原。单击该用户还原本年，可将用户数据还原至最近一次订货会(或竞单会)结束时的状态。

特别提示

- 本年订货会(竞单会)结束至下一年订货会开始之间任一时刻可以还原某队数据至本年订货会(竞单会)结束。
- 第一年还原则需要重新登录注册。
- 选单(竞单)时千万不要进行还原操作，否则可能会出错。
- 管理员可对还原队伍进行一定惩罚(如扣现金)。

(7) 手工备份。在"数据文件备份"的编辑框中输入备份文件名后，单击"备份文件"按钮，备份本次训练的数据；在"文件列表"中选择恢复的文件名后，单击"文件还原"按钮，恢复训练数据，查询历史数据，如图 3-45 所示。

图 3-45　手工备份

特别提示

- 训练记录必须备份才能存档。
- 手工备份数据可以在不同服务器间交换使用。
- 系统中只能有一套运行数据。
- 此功能只有系统管理员(admin)有权限进行。

(8) 自动备份，如图 3-46 所示。系统提供自动备份功能，每隔一段时间(默认 15 分钟，为可变参数)系统会自动备份(以时间命名)，一旦出现意外，可选择恰当的时点进行恢复。

图 3-46　自动备份

> **特别提示**
>
> ➢ 初始化时删除所有自动备份文件并请及时清理无用的自动备份文件。
> ➢ 自动备份数据可在不同服务器之间交换使用。
> ➢ 此功能只有系统管理员(admin)有权限进行操作。

(9) 运行管理员职责。当在规定时间内完成当年经营(系统中完成"当年结束"), 要求各队在系统中填写资产负债表。管理员可单击左上角该队名称, 随时查看其财务报表与资源状况。当所有企业均完成经营, 可通过 IM 公布上一年市场老大状况及财务报表情况(可通过公共信息查询)。各队在研判上一年市场情况及竞争态势后, 需在规定时间内投放下一年的广告, 开始新一年的经营。

(10) 赛后评分。完成预先规定的经营年限, 将根据各队的最后权益、生产能力、资源状态等进行综合评分, 分数高者为优胜。总分计算公式为总成绩=所有者权益×(1+企业综合发展潜力/100)－罚分, 企业综合发展潜力=市场资格分值＋ISO 资格分值＋生产资格分值＋厂房分值＋各条生产线分值。

> **特别提示**
>
> ➢ 生产线建成(包括转产)即加分, 无须生产出产品, 也无须有在制品。
> ➢ 厂房必须为"买"。
> ➢ 可在排行榜查询。

罚分可以由管理员自行定夺。主要因素如下:
➢ 报表准确性。
➢ 关账是否及时。
➢ 广告投放是否及时。
➢ 盘面与系统数据是否一致。
➢ 是否有影响比赛的不良行为。

可参看附录 2 的 2011 大赛规则。

(11) 破产处理。管理员可增加其库存现金，增加部分记入该队当年特别贷款或股东注资，并将其经营状态由"破产"改为"经营"。建议管理员在以后经营中对破产进行恰当限制，如控制其广告总和，以免对其他队伍有过多的干扰。

3.5.5 订单生成工具的使用

为了方便使用，提供更大的自主权，编者开发了订单生成工具(如图 3-47 所示)及规则生成工具，且使用与交流也极为方便。订单生成工具使用说明如下。

(1) 新建方案。单击菜单，选择"文件"——"新建"。

(2) 添加年份。单击左侧"添加年份"按钮，添加要生成订单的年份。一般从第二年开始，到第六年结束。

(3) 添加订单生成规则。选择某年(订单必须一年一年生成)，在右下角处填写订单生成规则，以回合为单位逐个填写，同时可以修改规则。

(4) 生成订单。单击右下角"生成此年订单"按钮。生成后订单可以修改。

(5) 将生成的方案文件(以 ocase 为后缀)放置于"C:\Program Files\商战\订单方案"下，即可使用。

(6) 订单生成后可以查询预测(见左下角)。

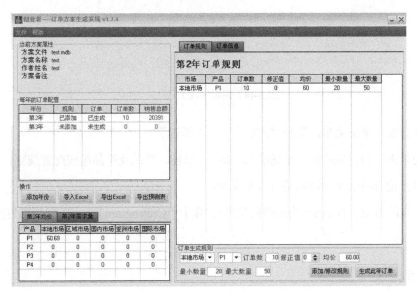

图 3-47　订单生成工具

> 特别提示

- 预测显示的均价和需求量与规则中填写的可能不完全一致,这是由于生成时取了一定的随机量。
- 可以导出 Excel 格式订单。
- 可以将 Excel 格式订单导入系统进行编辑(导入的 Excel 格式必须和生成的 Excel 完全一样)。
- 可以导出预测表。

3.5.6 规则生成工具的使用

规则生成工具如图 3-48 所示。

图 3-48　规则生成工具

(1) 新建方案。单击菜单,选择"文件"——"新建"。

(2) 分别单击厂房、生产线、市场准入、ISO、原料、产品及产品组成配置规则。

(3) 请自行检查所配置的规则是否合乎逻辑。

(4) 将生成的方案文件(rcase 为后缀的文件)放置于"C:\Program Files\商战\规则方案"下,即可使用。

> 特别提示

生产安装周期设为 1,表示即装即用。

第4章

解密企业经营

几年的经营也许你懵懵懂懂，跌跌撞撞；也许你已经破产，却不知道原因，虽然能讲出一些道理，但零星散乱；也许你盈利了，但可能很大程度上归于运气。和很多管理者一样，你也不自觉地运用了"哥伦布式管理"。

> 走的时候，不知道去哪儿。
> 到的时候，不知道在哪儿。
> 回来的时候，不知道去过哪儿了。

下面就让我们抽丝剥茧，解析企业经营的奥秘吧！

4.1 企业经营本质

图 4-1 所示为企业经营本质的示意图。

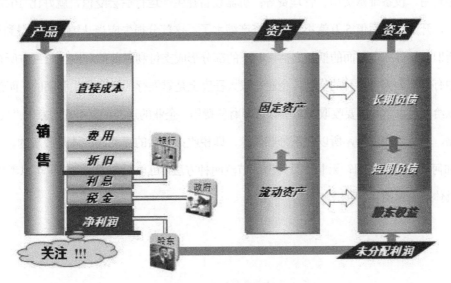

图 4-1 企业的本质

企业是利用一定的经济资源，通过向社会提供产品和服务而获取利润的组织，其目的是股东权益最大化。作为经营者，要牢牢记住这句话，它是一切行动的指南。

企业资本的构成有两个来源。负债：一个是长期负债，一般是指企业从银行获得的长期贷款；另一个是短期负债，一般是指企业从银行获得的短期贷款。权益：一部分是指企业创建之初，所有股东的投资，即股东资本，这个数字是不会变的；还有一部分是未分配利润。

在企业筹集了资本之后，将进行采购厂房和设备、引进生产线、购买原材料、生产加工产品等活动，余下的资本(资金)，就是企业的流动资金了。

可以这么说，企业的资产就是资本转化过来的，而且是等值的转化。所以资产负债表中，左边与右边一定是相等的。

通俗地讲，资产就是企业的"钱"都花哪儿了，资本就是这"钱"是属于谁的，两者从价值上讲必然是相等的——资产负债表一定是平的。

企业在经营中产生的利润当然归股东所有，如果股东不分配，参加企业下一年的经营，就形成未分配利润，自然这可以看成是股东的投资，成为权益的重要组成部分。

企业经营的目的是股东权益最大化,权益的来源只有一个,即净利润。净利润来自何处呢？只有一个——销售，但销售不全都是利润。在实现销售之前，必须先要采购原材料、支付工人工资，还有其他生产加工时必须的费用，才能最终生产出产品，收入中当然要抵扣掉这些直接成本；还要抵扣掉企业为形成这些销售支付的各种费用，包括产品研发费用、广告投入费用、市场开拓费用、设备维修费用、管理费等；机器设备在生产运行后会贬值，就好比 10 万元的一辆汽车，开 3 年之后值 5 万就不错了，资产缩水了，这部分损失应当从销售额中得到补偿，这就是折旧。经过三个方面的抵扣之后，剩下的部分形成支付利息前的利润，归三方所有。首先资本中有一部分来自银行的贷款，企业在很大程度上是靠银行的资金产生利润的；而银行之所以贷款给企业，当然需要收取利息回报，即财务费用；企业的运营，离不开国家的"投入"，比如道路、环境、安全等，所以一部分归国家，即税收；最后的净利润，才是股东的。

那如何才能扩大利润？无非就是开源和节流两种方法，可以只考虑一种，也可以考虑两者并用。具体措施见图 4-2 所示。

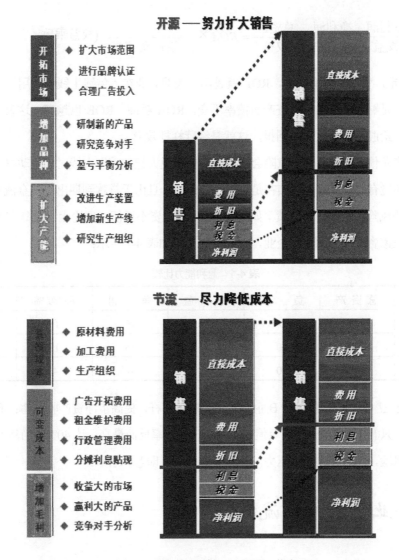

图 4-2 增加企业利润——开源、节流

企业经营的命根子是盈利,那如何衡量经营的好坏呢?有两个最关键的指标:资产收益率(Return On Assets,ROA)和净资产收益率(权益收益率)(Rate of Return on Common Stockholders' Equity,ROE)。ROA=净利润/总资产;ROE=净利润/权益。

ROA 越高反映的是企业的经营能力越强,相当于企业中一块钱的资产能获利多少。但我们知道企业的资产并不都是属于股东的,股东最关心的是他的收益率,ROE 反映的则是股东一块钱的投资能收益多少,当然是越高越好了。

两者之间的关系如何呢?见下列算式。

$$ROE = \frac{净利润}{权益} = \frac{净利润}{总资产} \times \frac{总资产}{权益} = ROA \times \frac{1}{1 - 资产负债率} \quad (权益乘数)$$

ROA一定，资产负债率越高，ROE就越高，表明企业在"借钱生钱"，用别人的钱为股东赚钱，这就是财务杠杆效应；资产负债率不变，ROA越高，ROE也越高，这表明企业的经营能力越强，给股东带来更大的回报，这就是经营杠杆效应。

如果资产负债率过高，企业风险会很大。也就是说大把欠着别人钱时，主动权不在经营者手里，一旦环境有变数那风险可实在是太大了。比如一旦由于贷款到期出现现金流短缺，企业将面临严重的风险。当然资产负债率如果大于1，就是资不抵债，理论上讲是破产了。

下表是三家资产均为100的企业，盈利能力比较如表4-1所示：

表4-1 盈利能力比较

企 业	总资产	负 债	权 益	净 利	ROA/%	ROE/%
A	100	0	100	15	15	15
B	100	50	50	15	15	30
C	100	90	10	4	4	40

A、B企业净利相同，但由于B企业运用了财务杠杆，提高了净资产收益率；而C企业虽然净利最小，只有4，但由于其高负债率，净资产收益率反而最高，达40%，当然C企业也蕴含了巨大的风险，面临巨大还贷压力，一旦现金断流，即意味着破产。

4.2 企业基本业务流程

企业基本业务流程如图4-3所示。

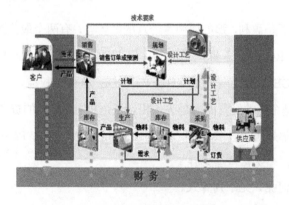

图4-3 企业基本业务流程

ERP沙盘是一家典型的制造型企业，采购——生产——销售构成了基本业务流程。整个流程中有几个关键的问题。

1. 如何确定产能

表4-2列出了所有可能的产能状态。按照上面提供的方法，结合本企业的生产线及库存情况，我们可以计算出可承诺量(ATP)，这是选单及竞单的时候要牢记的。值得注意的是可承诺量并不是一个定数，而是一个区间，因为我们可以转产、紧急采购、紧急加建生产线、向其他企业采购。比如意外丢了某产品订单，则需要考虑多拿其他产品订单，可能需要转产；再比如，某张订单利润特别高，可以考虑紧急采购、紧急加建生产线或向其他企业采购产品来满足市场需要。产能的计算是选单及竞单的基础。

表4-2 生产周期和年初状态影响产能[1]

生产周期	年初在制品状态	各季度生产进度				产能
		1	2	3	4	
3	○ ○ ○	□	□	□	■	1
	● ○ ○	□	□	■	□	1
	○ ● ○	□	■	□	□	1
	○ ○ ●	■	□	□	□	2
2	○ ○	□	□	■	□	1
	● ○	□	■	□	■	2
	○ ●	■	□	■	□	2
1	○	□	■	□	■	3
	●	■	■	■	■	4

2. 如何读懂市场预测

市场是企业经营最大的变数，也是企业利润的最终源泉，其重要性不言而喻。营销总监可以说是最有挑战性的岗位。

图4-4可作如下解读，P1产品需求量在后两年快速下降，其价格也逐年走低；P2产品需求一直较为平稳，前四年价格较稳定，但在后两年下降迅速；P3产品需求发展较快，价格逐年走高；P4产品只在最后两年才有少量的需求，但价格和P3相比并没有特别的吸引力。

---

[1] 实心圆图标表示在制品；实心正方形图标表示产品完工下线，同时开始新的下一批生产。

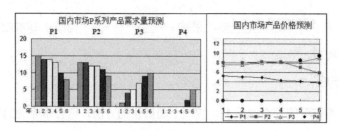

图 4-4　市场预测

读懂了市场预测，仅结合产能还不足以制定广告策略，同时还要对竞争对手有正确的评估，企业竞争玩的就是"博弈"，知己知彼，百战不殆。很多时候价格高、需求也行，结果大家都一头扎进去抢单，其结果是恶性竞争，便宜了广告公司，所以往往看着是"馅饼"，其实可能是"陷阱"。

制定好了广告策略，还需要对销售额、销售量、毛利有一个较为明确的目标。最直接的指标是广告投入产出比=订单销售额合计/总广告投入，即投入 1M 广告可以得多少销售额。根据经验值，前两年比值为 5 左右是合理的；第三年后，8~10 是合理的。所以不能一味地抢"市场老大"，狠砸广告，当时是爽，但对企业整体经营是有害的；也不能一味省广告费，拿不到单，利润何来？

3. 如何进行"产品定位"

在实际经营中，很多人将经营不善归结为销售订单太少、广告费用太高、贷款能力不够，但这些往往是表面现象。"产品定位"极易被忽视，很多学生在经营时业绩已经不佳，但仍然按照原来的思路操作，该进入的产品市场不知道及时进入，该放弃的产品还在"鸡肋"式的经营，甚至到结束时，仍然未明白"为什么我们没有利润"。

沙盘的精髓在于深刻体验并理解企业运营中"产、供、销、人、财、物"之间的逻辑关系，从而引申到对计划、决策、战略、流程和团队合作等方面知识的认识。若不能透彻"剖析"各产品的定位，度量每个产品对企业的"贡献"并随时修正经营，无疑将使企业经营陷于混乱懵懂之境地。

采用"波士顿矩阵"分析是一种进行"产品定位"的好方法，该方法主要考察两个指标，如图 4-5 所示。

> 相对市场占有率：在沙盘模拟中，根据笔者的经验，某业务销售额在所有企业中居前 30%，可以认为是"高"市场份额，反之为"低"市场份额。

> 市场增长率=(本年总销售额—上年总销售额)/上年总销售额×100%，若大于 30% 属"高"增长率，否则定义为"低"增长率。

图 4-5　波士顿矩阵

根据以上两个指标，将一个平面开成4象限，分别定义为问题业务、明星业务、现金牛业务及瘦狗业务。

(1) 问题业务

指高增长、低市场份额，在这个领域中是一些投机产品，带有较大的风险。这些产品可能利润率很高，但占有市场份额很少。这往往是一个公司的新业务，为发展问题业务，公司必须建工厂、增加设备，以便跟上迅速发展的市场，并超过竞争对手，这些就意味着大量的现金投入。问题业务非常贴切地描述了对待这类业务的态度，必须慎重回答"是否继续投资，发展该业务"这个问题。只有那些符合企业发展长远目标、企业具有资源优势、能够增强企业核心竞争力的业务才能得到肯定的回答。在沙盘企业经营的后几年中，高端产品 P4 或 P5 基本上属于这个情况，此时面临的问题是是否有足够的资金进行产品研发以及生产线建设的投入。

(2) 明星业务

这个领域中的产品处于快速增长的市场中且占有支配地位的市场份额，但也许会也许不会产生正现金流量，这取决于新厂房、设备和产品研发对投资的需要量。明星业务是由问题型业务继续投资发展起来的，可以视为高速成长市场中的领导者，它将成为公司未来的现金牛业务。因为市场还在高速成长，企业必须继续投资，以保持与市场同步增长，并击退竞争对手。企业如果没有明星业务，就失去了希望。

(3) 现金牛业务

处在这个领域中的产品会产生大量现金，但未来的增长前景是有限的。它是成熟市场中的领导者，是企业现金的来源。由于市场已经成熟，企业不必大量投资来扩展市场规模；同时作为市场中的领导者，该业务享有规模经济和高边际利润的优势，因而给企业带来大量的现金流。企业往往用现金牛业务来支付账款并支付其他业务需要的现金。低端产品 P1 和 P2 属于这种情况，前几年的市场增长有限，且销售额较高，有较多现金回收，支持其他业务发展。

(4) 瘦狗业务

该业务既不能产生大量的现金，也不需要投入现金，其未来没有发展的希望。通常这类业务是微利甚至亏损的。但可能由于感情的因素，很多学员不忍放弃，或者因为其他业务没有开发出来，只能依靠现有瘦狗业务勉强度日。正确的做法是采用收缩战略，及时转移到更有利的领域中。P1 产品往往第三年起便成为瘦狗业务，订单数量与价格均不理想，此时投入大量广告费是得不偿失的，其策略应是以销售库存为主。当然，若是其他业务不足，为避免生产线闲置，也可考虑生产 P1。

4. 如何确定生产计划和原料订购计划

获取订单后，就可以编制生产计划和原料订购计划，两者可以同时编制。以生产 P2 为例，其物料清单(BOM)为 R2+R3，其中 R2 订购提前期为 1 季，R3 为两季。

由表 4-3 可知手工线(假设其生产周期为 3)第 3 季开始下一批生产，则第 2 季订一个 R2，第 1 季订一个 R3；第 6 季(即第 2 年第 2 季)开始新一批的生产，需要在第 5 季(第 2 年第 1 季)订一个 R2，第 4 季订一个 R3。

以此类推，可以根据生产线类型(半自动、自动线假设生产周期分别为 2、1)及所生产产品类型计算出何时订购、订购多少。当然实际操作的时候还要考虑原料库存、转产、停产、加工费、原料到货付款等。原料订购计划做好后，原料付款计划就随即产生了。

表 4-3 生产计划与原料订购计划

状态	时间(Q)	1	2	3	4	5	6
手工线	产品下线并开始新生产			■			■
	原料订购	R3	R2		R3	R2	
半自动	产品下线并开始新生产		■		■		■
	原料订购	R2	R3	R2	R3	R2	
自动线	产品下线并开始新生产	■	■	■	■	■	■
	原料订购	R2+R3	R2+R3	R2+R3	R2+R3	R2	
合计		2R2+2R3	2R2+2R3	2R2+R3	R2+3R3	3R2	

注：年初生产线有在制品在 1Q 位置。

4.3 如何管理资金——现金为王

以下几种情况，是 ERP 沙盘经营中经常会看到的，说明对资金管理还不太理解。下面从资金管理的角度——进行分析。

- ➢ 看到现金库资金不少，心中就比较放心；
- ➢ 还有不少现金，可是破产了；

> 能借钱的时候就尽量多借点，以免第 2 年借不到。

库存资金越多越好吗？错！资金如果够用，越少越好。资金从哪里来，可能是银行贷款，这是要付利息的，短贷利率最低，也要 5%；也可能是股东投资，股东是要经营者拿钱去赚钱的，放在企业里是闲置，不会生新钱的；也可能是销售回款，放在家里不是白白浪费吗，放银行多少也有些利息。

现金不少，破产了，很多同学这个时候会一脸茫然。破产有两种情况，一是权益为负，二是资金断流。此时破产，必是权益为负。权益和资金是两个概念，千万不要混淆，这两者之间有什么关系呢？从短期看，两者是矛盾的，资金越多，需要付出的资金成本也越多，反而会降低本年权益；从长期看，两者又是统一的，权益高了，就可以从银行借更多的钱，要知道，银行最大的特点是"嫌贫爱富"。企业经营，特别是在初期，在这两者间会相当纠结，要想发展，做大做强，必须得借钱、投资，但这时受制于权益，借钱受到极大的限制，又如何发展呢？这是企业经营之初的"哥德巴赫猜想"，破解了这个难题，经营也就成功了一大半。

在权益较大的时候多借些，以免来年权益降了借不到。这个观点有一定的道理。但是也不能盲目借款，否则以后一直会背着沉重的财务负担，甚至会还不出本金，这不就是我们常讲的饮鸩止渴吗？

通过以上分析，我们可以看出，资金管理对企业经营的重要性。资金是企业日常经营的"血液"，断流一天都不可。我们将可能涉及资金流入流出的业务汇总后，不难发现其基本上涵盖了所有的业务。如果将来年可能的发生额填入表中，就自然形成了资金预算表，如表 4-4 所示。如果出现断流，必须及时调整，看看哪里会有资金流入，及时给予补充。

表 4-4 资金预算表

	1	2	3	4
期初库存现金				
贴现收入				
支付上年应交税				
市场广告投入				
长贷本息收支				
支付到期短贷本息				
申请短贷				
原料采购支付现金				
厂房租买开支				
生产线(新建、在建、转、卖)				

(续表)

	1	2	3	4
工人工资(下一批生产)				
收到应收款				
产品研发				
支付管理费用及厂房续租				
市场及ISO开发(第四季)	/////	/////	/////	
设备维护费用	/////	/////	/////	
违约罚款	/////	/////	/////	
其他				
库存现金余额				

通过表4-4，我们发现，资金流入项目实在太有限了，其中对权益没有损伤的仅有"收到应收款"，而其他流入项目都对权益有"负面"影响。长短贷、贴现——会增加财务费用；出售生产线——损失了部分净值；虽然出售厂房不影响权益，但是购置厂房的时候是一次性付款，而出售后得到的只能是4期应收款，损失了一年的时间，如果贴现也需要付费。

至此，你可以明白资金预算的意义了：首先需保证企业正常运作，不发生断流，否则就是破产出局；其次，合理安排资金，降低资金成本，使股东权益最大化。

资金预算、销售计划、开工计划和原料订购计划综合使用，既可保证各计划正常执行，又可防止出现不必要的浪费，如库存积压、生产线停产、盲目超前投资等。同时，如果市场形势、竞争格局发生改变，资金预算必须进行动态调整，适应要求。可以讲资金的合理安排，为其他部门的正常运转提供了强有力的保障。

至此，你应该多少理解财务的地位了吧！其能为企业运作保驾护航。再也不要随便责怪财务"抠门"了，财务难着呢，到处都要花钱，不"抠门"点儿，估计不多久就会断流破产了。

4.4 用数字说话——找出不赚钱的原因

表4-5和表4-6是某企业6年的综合费用表和利润表(数据来源于电子沙盘，初始现金为60W)。

表 4-5　某企业综合费用表

年度 项目	第1年	第2年	第3年	第4年	第5年	第6年
管理费	4	4	4	4	4	4
广告费	0	6	9	8	12	14
维修费	0	3	5	5	5	5
损失	0	7	0	0	0	0
转产费	0	0	0	0	0	0
厂房租金	5	5	5	5	5	5
新市场开拓	3	1	0	0	0	0
ISO资格认证	1	1	0	0	0	0
产品研发	4	3	3	0	0	0
信息费	0	0	0	0	0	0
合　计	17	30	26	22	26	28

表 4-6　某企业利润表

年度 项目	第1年	第2年	第3年	第4年	第5年	第6年
销售收入	0	39	85	113	163	137
直接成本	0	18	33	46	75	67
毛利	0	21	52	67	88	70
综合费用	17	30	26	22	26	28
折旧前利润	-17	-9	26	45	62	42
折旧	0	0	10	16	16	16
支付利息前利润	-17	-9	16	29	46	26
财务费用	0	4	12	17	10	12
税前利润	-17	-13	4	12	36	14
所得税	0	0	0	0	5	3
年度净利润	-17	-13	4	12	31	11

我们发现，该企业除第 5 年以外，其余年份业绩平常；从第 3 年起，销售收入增长较快，但利润增长乏力。干得挺辛苦，就是不赚钱。

1. 全成本分析——钱花哪儿了

将企业各年度成本汇总，1 代表当年的销售额，各方块表示各类成本分摊比例，如图 4-6 所示。如果当年各方块累加高度大于 1，表示亏损；低于 1 表示盈利。

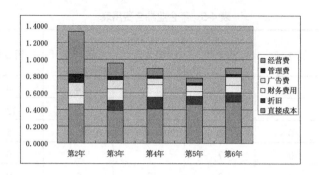

图 4-6　各年度成本汇总

> 📌 **特别提示**
> ➢ 考虑到第 1 年没有销售，因此列出的数据从第 2 年起。
> ➢ 经营费=综合费用+管理费+广告费。

第 2 年经营费较高，主要因为出现了损失，查找经营记录，原来是高价向其他企业采购了 3 个 P2，看来选单发生了重大失误或者生产和销售没有衔接好；直接成本也较高，主要是因为订单的利润不高。

第 3 年和第 4 年经营基本正常，也开始略有盈利，企业逐步走上正轨，但是财务费用较高，看来资金把控能力还不足。

第 5 年利润较高，但直接成本也较高，毛利率不理想，看来对市场研究还不够透彻，订单利润不高。

第 6 年广告有问题，其效益还不如第 5 年，毛利率也不够理想。

2. 产品贡献度——产什么合算

图 4-7 所示为产品贡献度分析。我们将各类成本按产品分类，这里要注意，经营费、财务费用的分摊比例并不是非常明确，可以根据经验来确定。

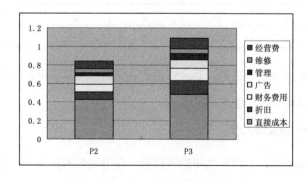

图 4-7　产品贡献度

我们发现 P2 比 P3 赚钱，P3 的直接成本高，看来产品的毛利润不理想；同时分摊的折旧比例较高，主要是因为生产 P3 的生产线的建成时机不好，选在第 3 年第 4 季建成，导致无形中多提了一年折旧，可以考虑缓建一季，省一年折旧费。

控制成本还有好多种方法，详细内容参见第 5 章。

3. 量本利分析——产多少才赚钱

销售额和销售数量成正比，而企业成本支出分为固定成本和变动成本两部分，固定成本和销售数量无关，如综合费用、折旧及利息等。成本曲线和销售金额曲线交点即为盈亏平衡点。通过图 4-8 所示，我们可以分析出，盈利不佳，是因为成本过高或产量不足。

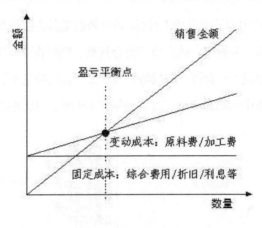

图 4-8 量本利分析

4.5 战略——谋定而后动

以下几种情况是 ERP 沙盘经营中经常会碰到的。
- 盲目建了 3 条，甚至 4 条自动性或柔性线，建成后发现流动资金不足了，只好停产；
- 脑子一发热，抢来市场老大，第 2 年拱手相让；
- 在某个市场狠砸一通广告，却发现并没有什么竞争对手，造成了极大的浪费；
- 开发了产品资格、市场资格，却始终没有用上；
- 还没有搞清楚要生产什么产品，就匆匆忙忙采购了一堆原料；
- 销售不错，利润就是上不去。

很多经营者，一直是糊里糊涂的，这是典型的没有战略的表现。所谓战略，用迈克尔·波特的话说就是企业各项运作活动之间建立的一种配称。企业所拥有的资源是有限的，如何分配这些资源，使企业价值最大化，这就是配称。目标和资源之间必须是匹配的，不然目标再远大，实现不了，只能沦为空想。

ERP沙盘模拟经营必须在经营之初就做如下几个战略问题的思考。

> 企业的经营目标核心是盈利目标，还包括市场占有率、无形资产占用等目标；
> 开发什么市场？何时开发？
> 开发什么产品？何时开发？
> 开发什么ISO认证？何时开发？
> 建设什么生产线？何时建设？
> 融资规划。

……

ERP沙盘模拟经营中为了实现战略目标，最有效的工具是做长期资金规则，如表4-4所示。预先将6年的资金预算一并做出，就形成了资金规则。同时将6年预测财务报表、生产计划、采购计划也完成，就形成了一套可行的战略。当然仅一套战略是不够的，事先需要形成数套战略；同时在执行的过程中做动态调整，可以根据图4-9所示的思路进行调整。

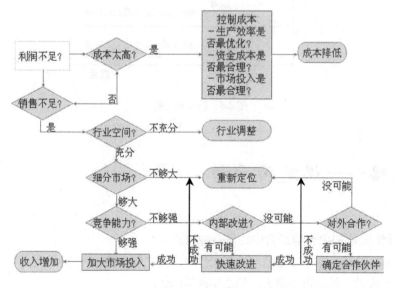

图4-9 调整战略

有两点要引起重视。①在战略的制定和执行过程中，永远不要忘记你的对手，对手的一举一动都会对你产生重大影响；②前3年是经营的关键，此时企业资源较少，战略执行必须步步为营，用好每一分钱。而且前期若是被对手拉大差距，后期想追赶是很难的。第1年浪费1万，可能会导致第6年权益相差几十万，这就是"蝴蝶效应"。

4.6 财务分析

1. 杜邦分析——找出影响利润的因素

杜邦分析体系是一种比较实用的财务比率分析体系。这种分析最早应用于美国杜邦公司，故得此名。

杜邦分析法利用几种主要的财务比率之间的关系来综合地分析企业的财务状况，用来评价企业赢利能力和股东权益回报水平。它的基本思想是将企业的净资产收益率(ROE)逐级分解为多项财务比率的乘积，有助于深入分析和比较企业的经营业绩。

本章第1节已经说明净资产收益率是股东最为关心的指标，通过杜邦分析，可以揭示影响这个指标的因素。为了找出销售利润率及总资产周转率水平高低的原因，可将其分解为财务报表中的相关项目，从而进一步发现问题产生的原因。有了杜邦分析图，可以直观地发现哪些项目影响了销售利润率和资产周转率，如图4-10所示。

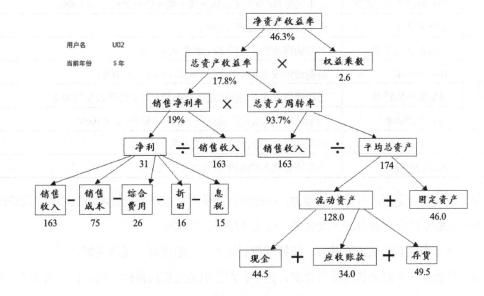

图4-10 杜邦分析图

其中：

平均总资产＝(期初总资产＋期末总资产)/2

总资产＝平均流动资产＋平均固定资产

平均固定资产＝(期初固定资产＋期末固定资产)/2

平均流动资产＝(期初流动资产＋期末流动资产)/2

2. 经营能力指标分析

经营能力包括收益力、成长力、安定力、活动力和生产力等五力分析，如表4-7所示。

表 4-7 五力分析

收益力	毛利率	(销售收入－直接成本)/销售收入×100%
	利润率	净利润/销售收入×100%
	总资产净利率	净利润/[(期初总资产＋期末总资产)/2]×100%
	净资产收益率	净利润/[(期初所有者权益＋期末所有者权益)/2]×100%
	总资产收益率	息税前利润/总资产×100%
	销售利润率	息税前利润/销售收入×100%
成长力	收入成长率	(本期销售收入－上期销售收入)/上期销售收入×100%
	利润成长率	(本期净利润－上期净利润)/上期净利润×100%
	净资产成长率	(本期期末净资产－上期期末净资产)/上期期末净资产×100%
安定力	流动比率	期末流动资产/期末流动负债×100%
	速动比率	(期末流动资产－期末存货)/期末流动负债×100%
	固定资产长期适配率	期末固定资产/(期末长期负债＋期末所有者权益)×100%
	资产负债率	期末负债/期末资产×100%
活动力	应收账款周转率	当期销售净额/当期平均应收账款×100%
	存货周转率	当期销售成本/[(期初存货＋期末存货)/2]×100%
	固定资产周转率	当期销售收入/[(期初固定资产＋期末固定资产)/2]×100%
	总资产周转率	当期销售收入/[(期初总资产＋期末总资产)/2]×100%
生产力	人均利润	当期利润总额/当期平均职工人数
	人均销售收入	当期销售收入/当期平均销售人员数

收益力表明企业是否具有盈利的能力，指标中以净资产收益率为投资者最关心的，反映的是投资者投入资金的获利能力。一般而言，这几个指标越高越好。

成长力表示企业具有成长的潜力，即持续盈利能力。一般而言，越高越好。

安定力是衡量企业财务状况是否稳定，会不会发生财务危机的指标。流动比率大于2、速动比率大于1认为短期偿债能力较好。固定资产长期适配率应该小于1，因为固定资产的购建应该使用还债压力较小的长期贷款和股东权益，原因是固定资产建设周期长，回报周期更长，需要若干年；如果用短贷购建，会由于短期内不能实现产品销售使现金回笼，造成还款压力。资产负债率越高，企业面临的财务风险越大，获利能力也越强，应在60%~70%之间较为合理。

活动力是从企业资产的管理能力方面对企业经营业绩作出评价。周转率越高，说明企业资金周转速度快，获利能力强。

生产力是衡量人力资源产出能力的指标。

4.7 岗位评价

目前的沙盘比赛都是对企业的整体经营业绩进行积分评价。这种评价可以展现整个小组的经营业绩，但小组成员如何评价，特别是与其他小组相应成员如何进行比较是个难题。现实中可以发现有些队可能因为有一到二位超人，使企业业绩不错，而其余队员仅仅是扮演"打酱油"的角色。因此以企业的业绩来简单评价成员是不全面的，说服力不足。一个小组业绩不佳，也不能说明每位成员的能力都不强。

沙盘模拟非常讲究团队合作，但也需要透彻"剖析"各个岗位的经营得失，尽可能"量化"各岗位"绩效"，并指出改进方向，这无疑对学生能力的提高是大有帮助的。

岗位评价需要注意以下几个问题：

> 首先是评价指标按职责分类。企业经营是一个整体，要想"绝对"没有关联地"区分"每个岗位的"贡献"是不可能的。如广告投入费用过大，其责任是属于"营销总监"没有成本意识，还是"财务总监"不会费用预算呢？对此只能硬性规定属于哪个部门的职责由哪个部门来负责。比如广告费属于市场营销部负责。而其他影响，划归为"团队合作"问题，由总裁 CEO 负责。

> 其次指标计算的"原始数据"取自各组实际经营情况。这样相对来说比较客观，不易引发争议。有些指标容易计算，如广告成本；有些指标需要用原始数据进行数据分析，如团队合作。

> 最后指标的评判需要借助历史经验和数据，无法完全做到客观和量化。

1. 营销总监评价

(1) 成本控制因素：用"广告费用/销售额"及"所接订单直接成本/销售额"来衡量，两个指标越小说明营销总监策划的广告效果越好。

(2) 现金流配合意识：可以从应收款比率与销售收益率两方面考虑。应收款比率指应收款在流动资产中所占的比率，太大，意味资金风险大，说明在选择订单时账期考虑欠周；销售收益率指当年销售额转化为现金的比率，转化率越高，说明订单选择越优。

(3) 市场份额：各组销售所占市场份额比率可以反映市场开拓、ISO 认证的意识和效果；至于产能、研发、现金流控制等因素则可划归为"团队合作"评价。

(4) 客户满意度：有关客户满意度的评价可以用"当年未交货订单"的金额或者数量进行评价。至于产能、生产计划、采购计划、研发等影响因素划归为"团队合作"评价。

(5) 市场定位准确性：可以用各队在各个市场份额的排名情况来判定。若在某个市场的份额排名越靠前，认为其定位准确性越高。

2. 财务总监的评价

(1) 财务成本控制：该因素主要涉及长短期贷款利息、应收款贴息等。财务成本大就说明该财务总监的融资意识、现金流控制意识比较差。

(2) 现金流控制：该因素主要考虑上节所述安定力因素(如速动比率)，体现财务总监现金流控制意识。

(3) 财务杠杆意识：能否正确运用贷款来提高股东回报率。

(4) 费用控制意识：主要体现在各项费用投资的回报率上，比如研发投资的回报率。当然，该指标与其他岗位因素有密切的关系，可将其划归为"团队合作"因素评价。

3. 生产总监评价

(1) 产能计算意识：这是生产总监的基本职能，能否在运营过程中进行正确产能计算可以判定其管理意识是否清晰。

(2) 产品库存控制：若累计库存过大，势必会造成"资金不合理占用"、采购计划不精准、资金周转率不高等。

(3) 费用控制：该因素主要体现在研发投资回报、生产线建设投资回收期、厂房租金成本、生产线转产成本等方面。

4. 采购总监评价

(1) 原料计算的准确性：这是采购总监的基本职能，能否在运营过程中进行正确产能计算可以判定其管理意识是否清晰。

(2) 原料库存的控制：能否控制原料库存，使其既能保证正常生产和转产等方面的需要，又不会积压。

5. 总裁 CEO 评价

CEO 应当对整体经营负责，所以对 CEO 的评价因素应当体现在以下几个方面。

(1) 股东满意度：最后的各小组根据公式"总成绩＝所有者权益×(1＋企业综合发展潜力/100)－罚分"计算分数，可以作为股东满意度的最终指标，且是核心指标。

(2) 总成本控制：所有费用的成本分摊累计可以作为 CEO 的一个评价因素。尽管费用成本与各岗位职责相关，但最终决策是得到 CEO 认同的。因此，CEO 必须对最终总成本负责。

(3) 团队合作：可以将各小组内表现的最差岗位与最佳岗位之落差作为评价指标。CEO 的责任之一就是不断改进，使小组的最"短板"得到提高，以此来提高整个团队的业绩。

(4) 企业成长：资产规模的增长情况可以说明企业成长的好坏。

(5) 市场战略：市场战略方向是否合理，可以通过考察各市场份额来评判。

第5章

实 战 篇

5.1 沙盘竞赛技战术经验

每年一度的沙盘大赛吸引着广大学生和老师的关注,从第一届的十几支队伍,经过短短七年就发展成为如今国赛阶段近 200 支队伍同场竞技,其魅力由此可见一斑。

当然,有比赛自然就有对抗,在不断的对抗过程中,无论学生还是老师,都积累了很多宝贵的技巧和战术。在这里我希望抛砖引玉,与大家一起分享关于沙盘比赛中技战术的一些心得。本文引用了一些论坛和其他著作中的观点,在此表示感谢。

下面将运营流程中的每一个环节进行分解,逐一对每一步所涉及的一些技战术进行分析探讨。由于水平和经验有限,不足之处还请读者批评指正。

1. 新年度规划会议(战略选择)

新年度规划会议,在流程表中只有一个格子,没有资金的流动,也没有任何操作,因此很多初学者往往把新年度规划会议给忽视了。但恰恰相反,一支真正成熟的、有竞争力的、有水平的队伍,往往会用全部比赛时间的四分之三以上来进行年度规划。那到底什么是年度规划?年度规划要做些什么?怎么做?

首先,年度规划会议是一个队伍的战略规划会和全面预算会和决策会。可以对照经营流程表将这个企业要做的决策都模拟一遍,从而达到"先胜而后求战"的效果。套用《孙子兵法》中的话:规划,企业大事也,生死之道,存亡之地,不可不查也。

那么规划应该怎么做才能有效呢?总的来说就是根据流程表上的步骤全部模拟一遍。当然这中间会涉及很多技巧,但有几点通用的规律,正如老子说的"道"。我们先来论一论"道",只要真正的掌握了,自然会演化成各种各样的"术",也就是我们说的技巧。

"道可道,非常道!"能够说清楚的就不是真的"道"了,"道"是靠悟的!所以除了在此讨论之外，更重要的是需要你自己不断地实践和总结。

(1) 万事预则立，不预则废

没有好的预算，没有走一步看三步的眼光，只能是"哥伦布"式的管理——走到哪里？不知道！去过哪里？不知道！要去哪里？不知道！这样脚踩西瓜皮的决策方式，很难在比赛中获得好成绩。

(2) 用数据说话

在沙盘里，最重要的法则之一就是凡事要靠数据检验，制定大的战略也是如此，要经过严谨周密的计算，提供翔实可靠的数据来支持决策。否则只能是沦为"四拍"式管理——拍脑袋决策，拍胸部保证，拍大腿后悔，拍屁股走人。

(3) 知己知彼百战不殆

这是孙子兵法中很重要的思想，同样非常适用于沙盘模拟。在比赛中，会设置一个巡盘(间谍)环节，其目的就是让大家做到知己知彼。竞争对手的市场开拓、产品选择、产能大小、现金多少等都是必须关注的。简单来说，了解竞争对手的企业要像了解自己的企业一样，只有这样，才能够准确推断出对手的战略意图，从而采取相应的策略进行有效的阻击。

(4) 细节决定成败

张瑞敏的海尔，相信大家都听说过这个成功的案例，他对细节孜孜不倦地追求，正是海尔由一个濒临破产的企业成长为中国标志性的跨国企业的核心因素。同样在沙盘经营中，我们也必须从细节入手。

无论是在平时上课还是在比赛过程中，经常会听到有人抱怨说：就是因为点错了一步操作；就是因为着急算错了一个数；一不小心忘记某个操作了……。很多人貌似觉得这些"失误"都是微乎其微的，不是真正实力的体现，即使错了，也不关大局，下次注意改正就好了。

其实不然。关注细节是一种习惯，是要从平时点滴中慢慢积累培养的。很多时候我们会说运气不好，因为某个错误导致失败太可惜了。究其根本，都是因为在细节上没有把控好，犯了致命的"失误"，才导致了满盘皆输。

一个好的财务(计算)可以保证公司不死，一个好的市场(博弈)可以让公司壮大，在两个条件差不多的情况下，不犯错或者少犯错的队伍就可以获得冠军。到了高水平的巅峰对决时，比的就是对细节的把控。

(5) 因势利导、随机应变

在比赛过程中，无论前期做了多么充分的预算和规划，还是随时可能会发生预想不到的情况。例如我们就曾经遇到过由于没有注意交货期而选错订单，由于网络问题导致无法选单等各种突发状况。这些突发状况都是事先无法预测，但又无法回避的现实问题。一旦发生，有的队就自乱阵脚，手足无措；有的队则垂头丧气，放弃比赛。而一支真正成熟的队伍，应具备"泰山崩于前而面不改色"的风范，同时可以因势利导，随机应变处理各种突发状况。只有这样才能在瞬息万变的局势中转危为安，进而找到制胜之道。

2. 广告投放

(1) 该不该抢占"市场老大"

我曾经在沙迷论坛上做过一个调查：第一年，你愿意花多少广告费抢占"市场老大"？结果是选择 80～90W 广告费的占 9.09%；选择 100～120W 广告费的占 59.09%；选择 130～150W 广告费的占 27.27%；选择 160～180W 广告费的占 4.55%。由此可见，大家普遍选择 100～150W 广告费之间。这难道是巧合吗？其实仔细一算就会发现花多少代价抢占"市场老大"才是划算的。

首先，将"市场老大"所能带来的优势做一个时间假设。经常做沙盘的人都知道，通常由于市场逐渐开拓和产品种类的丰富，产品需求量在后两年会大幅增加，因此市场老大的真正价值也就是在于前四年的市场选单。由此，"市场老大"效应会延续到第四年，意味着如果第一年投 110W 广告费抢市场老大，之后三年每年投 20W 在这个市场拿两种产品的订单，则三年来在这个市场共投入 150W(假设不抢老大，第一年也需要投 20W 广告费，剩余的 90W 可算到后三年)的广告费中，平均每年该市场广告费为 50W。如果将这 50W 的广告费分散投放在不同的产品市场，获得的订单是否会优于抢"老大"的情况呢？实践证明，在大家产能都比较少，市场竞争不激烈的情况下，50W 完全可以很顺利地将产品卖完，这时如果不经过周密的计算，狂砸猛投广告费去抢占"市场老大"，显然会得不偿失；相反，在大家产能都很高，竞争非常激烈的情况下，"市场老大"的优势才会体现出来。

另外，规则中指出"'市场老大'是指该市场上一年度所有产品总销售额最多的队，其有优先选单的权利。在没有"老大"的情况下，根据广告费多少来决定选单次序。"于是很多人就会存在一个误区，以为市场老大就是比谁的广告费多。其实不然，"市场老大"最终比较的是该市场的总销售额，而非一个产品的单一销售量。例如甲公司只有 P1 产品，而乙公司拥有 P1 和 P2 两种产品，那么在选单过程中，即使最大的 P1 订单是被甲公司获得了，但是只要乙公司 P1 和 P2 两种产品的市场销售总额大于甲公司，则无论甲公司投多少广告费，"市场老大"仍不会归甲公司所有。这就要求我们在抢占"市场老大"时，不能只考虑用"蛮力"猛砸广告费，还要更多地考虑利用"巧劲"，依靠合理的产品组合智取"市场老大"。

"市场老大"是把双刃剑，用好了威力无穷；用得不好，可能会"赔了夫人又折兵"。因此到底要不要抢占"市场老大"，以多少广告费去抢占"市场老大"，以什么样的产品组合去抢占"市场老大"，需要经过严密的计算然后再做博弈。

(2) 该投多少广告费

广告费怎么投？该投多少？这往往是初学者经常遇到的一个问题，很多人都希望得到一个通用的公式。沙盘比赛中，真正博弈交锋的战场就是市场选单，而产品、市场的选择都集中反映在广告投放策略上。兵无常势、水无常态，不同的市场、不同的规则、不同的竞争对手都可能导致广告投放策略的不同。因此要想找一个通用公式，从而做到广告投放的准确无误是不可能的。那是不是就没有任何规律可循呢？当然不是，很多优秀的营销总监都有一套广告投放的技巧和策略，下面一起来探讨。

通常拿到市场预测后，首先做的就是将图表信息转换成易于理解的数据表，如表 5-1 所示。通过转换，可以明确地看出各产品、各市场、各年度的需求和毛利；弄清不同时期市场的"金牛"产品；更重要的是，通过市场总需求与不同时期全部队伍的产能比较，可判断出该产品是"供大于求"还是"供不应求"。还可以将总需求量除以参赛队数，从而得到平均需求量。如果打算出售的产品数量大于平均值，就意味着需要投入更多的广告费用去抢占市场份额；反之则可以少投入广告费。

表 5-1 某年各产品的价格、数量和毛利

		本 地	区 域	国 内	亚 洲	国 际	合 计	平 均
P1	单价	60	60	62.8	60	59		
	数量	87	62	59	59	79	346	13.31
	毛利	40	40	42.8	40	39		
	总毛	3 480	2 480	2 525.2	2 360	3 081	13 926.2	535.62
P2	单价	67.4	66.8	65.2	67.1	72.7		
	数量	57	50	48	45	48	248	9.54
	毛利	37.4	36.8	35.2	37.1	42.7		
	总毛	2 131.8	1 840	1 689.6	1 669.5	2 049.6	9 380.5	360.79
P3	单价	83.9	77.7	78.4	79.2	82.5		
	数量	60	45	47	40	40	232	8.92
	毛利	43.9	37.7	38.4	39.2	42.5		
	总毛	2 634	1 696.5	1 804.8	1 568	1 700	9 403.3	361.67
P4	单价	93.5	97.2	91.4	96.2			
	数量	23	30	33	43		129	4.96
	毛利	43.5	47.2	41.4	46.2			
	总毛	1 000.5	1 416	1 366.2	1 986.6		5 769.3	221.90

注：P1、P2、P3、P4 各产品的直接成本分别为 20W、30W、40W、50W，参赛队数共计 26 队。

除了刚才说的根据需求量分析以外，还要考虑整体广告方案，吃透并利用规则："若在同一产品上有多家企业的广告投入相同，则按该市场上全部产品的广告投入之和决定选单顺序；若市场的广告投入量也相同，则按上年该市场销售额排名决定选单顺序。"如果在某一市场整体广告费较高，或者前一年度销售额相对较高的情况下，可以适当优化部分产品的广告费用，从而达到整体最优的效果。

3. 参加订货会/登记订单

在选单环节之前，我们通常会先计算好自己的产能，甚至详细到每个季度可以产多少个产品，有多少个产品是可以通过转产来实现灵活调整的。在对自己的产能情况了如指掌后，通过分析市场预测，大概确定出准备在某个市场出售多少产品，同时决定相应的广告费。

在所有组的广告投放完毕之后，裁判通常会将所有广告情况下发，我们可以快速分析出自己在各个市场选单的次序，同时对比原来设计的产品投放安排，作出相应调整，保证顺利实现销售。

我们经常会遇到一个很纠结的问题：大需求量的单子往往单价比较低，接了这样的单子利润比较薄，有些不甘心；单价高利润大的单子，往往数量小，接了这样的单子又怕不能把产品卖完，造成库存积压。选数量大的还是选单价高的？这应该根据赛场情况灵活应对。

初期，大家的产能相对市场需求比较大，考虑发展的需要，建议以近可能多的销售产品为目标；后期，由于市场和产品的多样化，以及部分企业的破产倒闭，市场竞争反而不太激烈，在这样的情况下，很多时候只要投 10W 就有可能"捡到"一次选单机会，这时"卖完"已经不是企业最重要的任务，而更多的应该考虑怎么将产品"卖好"。特别是大赛，到了后期强队之间的权益可能只相差几十万甚至几万，而大家的产能都达到了上限，这个时候如果可以合理精选单价高的订单，就可以获得几十万甚至上百万的毛利优势。

最后分享关于订单分解的经验，仅适用于标准订单，比赛时还要根据具体情况进行调整。通常情况下订单最大数＝该市场该产品总需求 / (参赛组数÷2)。若大于 4 则向下取整；若小于 4 则向上取整。第二大单的数量受第一大单的影响，若第一大单大于 4 则减 2；若第一大单小于 4 则减 1。

4. 参加竞拍会/登记订单

(1) 竞单规则的几点说明

竞拍会也称为竞单或者招标。是从第四届国赛开始独有的一种选单模式，打破了原先订单总价、交货期、账期都是事先规定好的限制，通过"暗标"的方式来获取市场订单。本教程第 3 章 3.3 节对竞单规则有详细的描述，在此不再赘述。但有以下两个问题需要进一步解释。

> 为什么对竞得单张数进行限制。

主要是为了防止恶意串谋。如 2010 年浙江省赛，某三本院校在自身出线无望的情况下，为了支持本部，在最后一年让其本部院校在选单市场中"吃饱"，可以销售掉所有产品，从而在竞单环节，该三本院校所有订单都出最低价拿到，导致多所院校最后一年库存积压。最后，该三本院校破产，本部院校成功晋级。

> 为什么竞单时不允许紧急采购，也不允许市场间谍。

主要是为了防止某些队蓄意破坏或串谋，他们可能恶意低价竞得订单，然后通过紧急采购或有偿间谍将现金减少，导致其竞得的订单作废。这样一则可能蓄意搅乱市场，二则可能对某些对手进行"陷害"，从而达到支持某队的目的。

我们以 2011 年江西省赛的例子来说明，如果没有这个规则，赛场可能会出现极富戏剧性的变化。第五年经营结束时，江西财经大学由于产能并不是太理想，在正常情况下，极可能排在本科组第三名，但国赛出线只有两个名额。最后一年该队沉着冷静，仔细分析，制定了一套神奇的策略，击败了华东交通大学，使自己成功晋级。

该队分析了华东交通大学主要以 P4 产品为主，并且在选单市场 P4 未吃饱，显然准备在竞单市场中大显身手。江西财经大学的选手暗自庆幸机会来了，他们在竞单市场将 P4 产品均以最低价全部竞得。比赛中，其他队员看到江西财经大学的出价，一片哗然。"已经大大超出了产能呀，难道准备违约？这不是找死吗？""就算交货了，也没有一点儿利润呀！损人不利己！"但最终结果出来后，大家都疑惑不解，江西财经大学成功晋级。原来，该校在竞得 P4 产品后，马上进行有偿间谍，使自己的现金迅速减少，总共损失了 13W(60W 为初始资金)，且系统在派发竞单时，由于现金不够，其竞到的 P4 订单全部作废。最后华东交通大学损失惨重，由稳居第二变成屈居第三，痛失国赛机会。

(2) 竞单风险分析

竞单规则中，由于每种产品都可以卖出直接成本 3 倍的价格，巨大的利润对每支参赛队来说都是一种无法抗拒的诱惑，甚至可能出现极端的情况，将所有销售全部押在竞单市场上。但是由于竞单市场的数量有限，必然有个别组因为无法拿到足够的订单而导致大量库存积压；也会因为竞争太激烈而大打价格战，出现大幅降价倾销的情况，这种种不确定性都大大增加了竞单市场的风险。

既然风险这么高，那是不是最好就不竞单了，只要在选单市场稳稳地接单销售，保持稳定增长就可以了呢？当然，如果采取保守策略，风险可以有效得到规避，但很有可能眼睁睁看着别人一夜暴富。以 P2 产品为例，假设你与另一组同为 P2 的专业户，第 4 年结束权益略高于对手 50~100W。纵观大部分市场预测，P2 后期在各个市场中的毛利极低，平均在 30~35W 左右，而在竞单中，其最大毛利可以达到令人垂涎的 60W。假设你全部在订货会上进行销售，而对方选择竞单市场销售，那么只要成功在竞单市场以最高限价卖出 3～4 个 P2 产品，毛利就会比选单市场多 80～100W，实现权益反超。事实上，大家仔细看湖南科技大学第四届国赛数据会发现，正是充分利用好了第五年和第六年的竞单市场，才使最后两年权益有了质的飞越，最终成功问鼎。

根据往年国赛的经验，竞单信息会提前一年下发给各个组，之所以如此，就是为了给各组留出充分的时间考虑参与竞单会的策略。由于竞单会是在选单以后举行的，这就意味着一旦没有通过竞单销售完产品，将没有其他途径获得订单，那么只会造成产品库存积压。这就需要提前考虑好竞单产品的品种、数量和价格，以及交货期及账期等因素。尤其在分配竞单会和选单会比例上非常关键，留下来参与竞单的产品数量越小，其风险就越小，但相对来说收益也可能就越小；反之亦然。

因此竞单环节的引入，大大提高了比赛博弈性，要在做好周密预算的基础上，充分吃透规则、因势利导、运筹帷幄，才能达到出其不意的效果。正如 5.3 节所述，通过技巧性的违约和紧急采购，可以相对平衡风险和利润，达到灵活多变的效果，最终获取更高的利润。

(3) 交货期、应收账款与总价关系分析

在竞单中，有 3 个变量是需要我们手工填写的——总价、交货期和应收款账期。取得订单的条件是根据公式"得分=100＋(5－交货期)×2＋应收账期－8×总价/(该产品直接成本×数量)"，或 "得分=100＋(5－交货期)×2＋应收账期－8×单价/该产品直接成本"，以得分最高者中标，如果计算分数相同，那么先提交者中标。如果总价很低、账期很长、交货期很短，得分虽然高了，但是收益相对来说就非常低了；相反，如果总价很高、账期很短、交货期很长，那么会导致得分很低从而无法获得该订单。因此除了利用市场准入、ISO 限制等常规条件造成相对垄断的情况外，如何设置这 3 个变量，找到得分和收益的最佳平衡点是竞单成败的关键。

下面以表格形式说明为保证得分不变，不同产品交货期减少一季对单价的影响，及应收账期增加一季对单价的影响，如表 5-2 所示。

表 5-2 交货期、应收账期变动与单价的关系

产　品	直 接 成 本/W/个	交货期减 1 对单价的影响/W/个	应收账期增 1 对单价的影响/W/个
P1	20	＋5	＋2.5
P2	30	＋7.5	＋3.75
P3	40	＋10	＋5
P4	50	＋12.5	＋6.25

首先来看交货期对单价的影响。从竞单公式中可以看出，交货期每降低一季，若保证总分不变, (8×单价/该产品直接成本)可以增 2，以 P1 为例(直接成本为 20W/个)，单价可以提高 5 W/

个。同理可以计算出 P2、P3、P4 的对应值，如表 5-2。

应收账期每增加一季，若保证总分不变，(8×单价/该产品直接成本)可以增 1，以 P1 为例(直接成本为 20W/个)，单价可以提高 2.5W/个。同理可以计算出 P2、P3、P4 的对应值，如表 5-2。

从表 5-2 中可以看出，交货期对单价影响较大，因此，如果压存货参与竞单，在交货期上保持优势，在竞单中胜算会比较大。特别是数量较大的高端产品订单，以 6 个 P4 产品为例，可以一季交货，即使单价高于四季交货对手 37.5 W/个，也可以得单，且总利润可以多 225W。因此越是高端产品，数量越大，交货期的优势越明显。

通过分析，我们可以得知在订货会上尽量选择交货期靠后的单子，尽可能将交货期早的产品留在竞单市场，以谋取更高的利润。同时交货期的另外一个影响要素是产能，产能越大，相对来说可以早交货的产品就越多。因此大产能是在竞单市场中获得高利润的法宝。

应收账期对单价的影响只有交货期的一半。我们仍以 6 个 P4 产品为例，要求 4 账期回收现金可以比 0 账期最多单价高出 25W/个，总利润相差 150W。那我们到底应该都填 4 账期以获得更好的产品总价呢？还是应该都填 0 账期以获得更好的现金流呢？我们来看上述例子，要求 4 账期回收，多出 25W/个，将其贴现需要多少费用呢？若单价低于 200W/个，贴现费用小于 25W，因此 4 期应收合算；而 P4 最高价为 150W/个，显然 4 期应收，高单价合算。要求 2 期回收与 0 账期比如何呢？最多单价可以高出 12.5W/个，单价高于 125W/个，贴现费用大于 12.5W，显然 0 账期出低价合算；单价低于 125W/个，贴现费用小于 12.5，出高价 2 账期合算。其他情况可同理计算，并无一定之规。

5. 支付应付税

(1) 关于所得税计算的详细方法

很多初学者对于沙盘中的所得税的计算不是很清楚，什么时候该交，什么时候不需要交，常常存在疑惑。

所得税在沙盘中是一个综合概念，大概可以理解成你模拟的企业经营盈利部分所要交的税费。交税需满足以下两个条件。

➢ 经营当年盈利(税前利润为正)；
➢ 弥补了前面最多 5 年亏损后，仍盈利。

以利润表为计算依据最为清晰，下面以实例说明，见表 5-3。

表 5-3 所得税计算 1

年 份	第 1 年/W	第 2 年/W	第 3 年/W	第 4 年/W	第 5 年/W	第 6 年/W
税前利润	-10	50	-20	-30	40	130
所得税	0	10	0	0	0	30
年度净利润	-10	40	-20	-30	40	100

第 1 年亏损当然不交，第 2 年盈利 50W，补了第 1 年亏损后盈利 40W，税率为 25%，则所得税为 10W。第 3 年和第 4 年亏损，不交税，第 5 年盈利，但不足以弥补第 3 年和第 4 年的亏损，故不交税。此处要注意，第 1 年虽然亏损，但在第 2 年已经弥补，所以第 5 年不需要再次弥补。第 6 年盈利，需要与未交税的第 3、4、5 年累计计算应税利润，为(-20)＋(-30)＋40＋130=120W，所得税为 30W。

总之，从当年开始，与前面连续无所得税年份(最多 5 年)的税前利润累加，得到应税利润，若大于零，则需交所得税。

系统中只取整数，出现小数如何处理呢？下面以两个例子进行说明分别，如表 5-4 和表 5-5 所示。

表 5-4 所得税计算 2

年 度	第 1 年/W	第 2 年/W	第 3 年/W	第 4 年/W
税前利润	-160	50	111	5
所得税	0	0	0	2
年度净利润	-160	50	111	3

第 3 年累计税前利润为 1W，应税利润为 1W，所得税为 0.25W，四舍五入后，当年不交。由于第 3 年没有交，所以当年 1W 的应税利润要累计到下年，第 4 年税前利润为 5W，应税利润为 6W，四舍五入，所得税为 2 W。

表 5-5 所得税计算 3

年 度	第 1 年/W	第 2 年/W	第 3 年/W	第 4 年/W
税前利润	-160	50	115	5
所得税	0	0	1	1
年度净利润	-160	50	111	4

第 3 年累计税前利润为 5W，应税利润为 5W，所得税为 1.25W，四舍五入为 1W。由于第 3 年交了税，所以当年的 1W 未交应税利润不要累计到下年，第 4 年税前利润为 5W，应税利润为 5W，所得税为 1W。

从以上两例看出，即使有小数，还是符合以下原则：从当年开始，与前面连续无所得税年份(最多5年)的税前利润进行累加，得到应税利润，若大于零，则要交所得税。

(2) 合理"避税"

了解如何计算之后，自然就会想到利用"四舍五入"这一规则进行合理避税。假设系统采用25%的税率政策，通过预算发现当年应税利润是(4N+2)时，其中N为非负整数，可以主动贴现，增加一个贴息，将应税利润减少到(4N+1)，所得税将由(N+1)减少到N。此情况下，年度净利相同，但后者增加了资金流动性，保证了年初充裕的广告费。

最后，再说说交税的时间。税是在年底算出来的，但是税款不是在当年结束时支付的，因此报表里"应交所得税"那一项是在负债里体现的。直到第2年投放广告费时，税会连同到期长贷本息和广告费一起支付，这个在系统里有明确的提示。有的组在投放广告时系统提示现金不足，无法投放广告，其原因就是除了广告费用外，还要扣所得税及长贷本息。

6. 申请、更新长短贷与支付利息

融资策略，不仅直接关系到企业的财务费用，更重要的是直接影响企业的资金流。很多初学者就是没有合理安排好长短贷的融资策略，结果要么是被高额的财务费用吃掉了大部分的利润，要么就是因为还不起到期的贷款而导致现金断流、企业破产。

在分析融资策略之前，我们必须明确几个基本概念。我们贷款的目的是为了赚钱，通俗地说就是利用借来的钱所赚的要比所支付的利息多，在此种情况下只要允许，借得越多就赚得越多；相反如果赚的钱还不够支付利息，那么借得越多就亏得越多。这就是财务杠杆的作用，因此我们可以简单分析出，不贷款绝不是经营企业最好的策略。

那么怎么样的融资策略才是合理的呢？教科书上告诉我们，长贷用来做长期投资，比如新建厂房和生产线、市场产品的研发投资等；短贷用来做短期周转，比如原材料采购、产品加工费用等。这样自然是最稳妥的方法，但是在高水平的比赛中，如果仅采用这样保守的方案，不一定可以获得最大的收益。

长贷利率通常比短贷利率高，因此，尽量多地使用短贷的方式来筹集资金，可以有效减少财务费用。在短贷的具体操作上，有以下两个技巧。

一是短贷的利率为5%，且利息计算时为四舍五入，借款数以(20N+9)为最佳，其中N为正整数，因为9部分对应利息为0.45，根据四舍五入法则，恰好可以不计利息。

二是短贷尽量分散在一年的4个季度中，且只要够用，贷款时间尽量推后；只要权益有保证，就提前一季借新的短贷归还到期短贷，从而保证以贷养贷策略的顺利实施。但这也是风险相当高的一种贷款模式，如果经营失误或预算不准，导致权益下降，那么紧接着贷款额度的下降将导致无法用新的贷款来弥补资金缺口，会陷于现金断流而破产的境地。

如果前期大量使用长贷，会导致财务费用过高，从而大量侵蚀企业利润，使得企业发展缓慢。有的组一开始就拉满长贷，结果到了第 6 年要还款的时候，无法一次性筹集大量的现金，最终导致现金断流而破产。

但这并不是说全部长贷策略就一定会失败。如果可以充分利用长贷还款压力小的特点，前期用大量资金扩大产能、控制市场和产品，那么凭借其惊人产能和对市场的绝对控制权，可以创造巨额利润，加上利用分年长贷的方式(即第 4、5、6 年各还一部分长贷本金)，也可以达到意想不到的效果。

另外长贷的使用还有一个小技巧，其利率一般为 10%，且利息计算四舍五入，与短贷类似，其当年计算利息本金数以(10N＋4)为最佳，其中 N 为正整数，因为 4 部分对应利息为 0.4，根据四舍五入法则，恰好可以不计利息。

企业整体战略决策加上精准财务预算，是决定长短贷比例最重要的因素。只要合理调节好长短贷的比例，把每一分钱都投入到最需要的地方，让它变成盈利的工具，就可以让借来的钱为我们服务，创造出更多的利润。

7. 原材料的更新/入库、下原料订单

(1) 零库存管理

关于原材料的计算、采购计划排程，是 MRP 的核心内容之一，也是影响一个企业资金周转率的重要因素。以丰田汽车为首的零库存管理方法受到了很多人的推崇，创造了明显的效益。

为什么要推崇"零库存"管理？因为资金是有时间成本的。通俗地说，在企业经营中，用贷款购买原材料，这钱是需要支付利息的；而在沙盘模拟企业中，原材料库存本身是不会产生利润的。因此原材料库存越多，就意味着需要更多的贷款，财务费用也越多，同时降低了资金周转率。因此减少库存是企业节流的一项重要举措。

沙盘模型中，产品的物料清单(BOM)是确定的，且原材料采购的时间周期也是确定的，因此我们可以通过明确的生产计划，准确地计算出所需原材料的种类和数量，以及相应的采购时间。例如 P2 产品的原材料构成是 R2＋R3，要在第 4 季度交 1 个 P2 产品，是自动线的话第 3 季度就必须上线开始生产了，且 R2 和 R3 原材料都要到库。由于 R2 原材料需要提前一季采购，R3 原材料提前两季采购，因此，我们需要在第 1 季度下 1 个 R3 订单，第 2 季度下 1 个 R2 订单，这样就可以保证 P2 在第 3 季度需要上线生产时正好有充足的原材料，同时才可以保证第 4 季度 P2 产品生产下线并准时交货。

这是最基本的生产采购排程。通过精确计算，做到下每个原材料都要明白其是什么时候做什么产品用的，这样才可以做到及时制(Just In Time, JIT)管理，实现"零库存"目标。

(2) 百变库存管理

实现"零库存",说明已经可以熟练掌握生产排程。但是"零库存"管理是基于未来需求不变的情况下所做的安排,而实际比赛中,经常会利用柔性线转产来调整已有的一些生产计划以应对变化的市场。因此追求绝对的"零库存",就会暴露一个问题:不能根据市场订单情况及时灵活地调整生产安排。因此在有柔性线的情况下,原材料采购计划应该多做几种方案,取各种采购方案中出现的原材料需求量最大值。

例如现有一条柔性生产线,在第 2 年第 1 季度有可能需要上线生产 P2 产品,也有可能生产 P3。P2 由 R2+R3 构成,P3 由 R1+R3+R4 构成。生产安排不确定,通过分析发现要在第 2 年第 1 季度实现 P2、P3 的任意转换生产,需要在第 1 季度保证有 R1、R2、R3、R4 四种原材料各一种。

要想充分发挥柔性线的转产优势,必须做好原材料预算,预见可能出现的拿单情况。提前在第 1 年的第 3 季度和第 4 季度原料订购上就做好转产库存的准备,同时在第 2 年减少相应的原材料订单,从而将多订的预备转产的原材料库存消化掉。

做好原材料的灵活采购计划、"百变库存"管理,是保证后期机动调整产能、灵活选取订单的基础,同时需要兼顾资金的周转率,才能发挥出柔性生产线最大的价值。

8. 购买/租用厂房

(1) 租厂房 VS 买厂房

规则规定厂房不考虑折旧,如果购买了厂房,只是将流动资产的现金变成了固定资产的土地厂房,资产总量上并没有变化。而且通过购买厂房的方式,可以节约租金。因此如果是在自有资金充裕的情况下,购买厂房比租厂房更划算。

以 2011 年国赛规则为例,长贷的利率是 10%,短贷的利率是 5%,厂房规则如表 5-6 所示。

表5-6 厂房规则

类 型	买 价/W	租 金/W/年	售 价/W	容 量/条
大厂房	440	44	440	4
中厂房	300	30	300	3
小厂房	180	18	180	2

各类厂房的租金售价比均为 10%,与长贷利率相同,但长贷利率是一年以后付息,而租金是租入时立即缴纳,显然自有资金不足,长贷购买厂房划算。短贷利率仅 5%,若资金可以周转,以短贷购入厂房会更为划算。

第一年年初，不仅有初始资金，还有充足的贷款额度，因此通常不会出现资金紧张的局面。而第一年末的权益会直接影响到第二年企业的贷款额度，所以第一年往往会减少费用的支出，想尽办法控制权益的下跌。根据上述分析不难看出，第一年开局即使利用银行贷款来买厂房，也会减少厂房租金的费用支出，对权益的保持是非常有帮助的。当然，如果第一年大规模铺设生产线，购买厂房可能会导致资金不足。

(2) 厂房类型选择

根据不同类型的厂房，分摊到每条生产线的租金，大、中、小厂房分别为 11W/条、10W/条、9W/条，以此为根据，看似小厂房最合算。但小厂房将限制企业的规模，根据厂房数上限为 4 的规则，最多只能建 8 条生产线。若建成 4 个大厂房，最多可以容纳 16 条生产线，4 个大厂房比 4 个小厂房多付租金 104W，但只要有市场，只要多建 1 或 2 条生产线就可以赚回，何况最多可以多建 8 条生产线。

可见，只要有市场，就应该尽量选择容量大的厂房，多建生产线，同时保证厂房的生产线位不空着。

(3) 厂房出售与购买

规则提供了两种处理厂房的方式：一种是出售厂房，将厂房价值变成 4Q 应收款，如果厂房内还有生产线，同时扣除厂房租金；另一种是通过厂房贴现的方式，相当于直接将厂房出售后的 4Q 应收款贴现，同时扣除厂房租金。

本质上，两种厂房处理方式相同，但是，由于贴现的应收款账期不同，贴息也是不同的。因此如果可以预见到资金不够需要厂房处理来变现，可以提前出售厂房(厂房买转租)。那么当需要现金的时候，原来 4Q 应收款，就已经成了 2Q 应收款甚至是现金，可以节省出部分或全部厂房的贴现费用。

另外，企业后期有钱了，想买厂房的时候，发现总是不能租转买。其实是因为厂房租金是先扣再用的，例如第 5 年的租金，可能第 1 季度就扣掉了，而到了第 2 季度的时候想租转买，是无法执行的。只能等到第 6 年第 1 季厂房处理的时候，将厂房由租转买。相反，出售厂房或者厂房买转租则没有这样的限制，每个季度到厂房处理步骤时都可以进行处理。

9. 新建/在建/转产/变卖——生产线

(1) 生产线的性价比——用数据说话

做沙盘最基本的功夫就是计算，正确的决策背后一定是要有一系列的数据做支撑的。下面我们就生产线的性价比进行一个讨论，看看究竟怎样建生产线最划算。

以 2011 年国赛规则为例来分析，如表 5-7 所示。

表 5-7 生产线规则

类 型	购置费/W	安装周期/Q	生产周期/Q	总转产费/W	转产周期/Q	维修费/W/年	残 值/W
手工线	35	无	2	0	无	10	10
租赁线	0	无	1	20	1	55	-55
自动线	150	3	1	20	1	20	30
柔性线	200	4	1	0	无	20	40

自动线最为常用，一般以此为比较标杆。两条手工线产能和一条自动线相等，维修费也相同，而从折旧考虑，两条手工线累计折旧为 50W，一条自动线累计折旧为 120W，节约 70W。依此类推，建两条手工线可以多出 70W 的收益，再考虑到手工线不用安装周期，两条手工线可以比自动线多产出 3 个产品，以 40W 的毛利算，又多出 120W 的收益，累计可以多出 190W 的收益。依此类推，是不是手工线更合算呢？不一定，两条手工线比一条自动线多占了一个生产线位，如果市场够大，多出的生产线位再建一条自动线，完全可以赚出 190W 利润。因此，如果市场够大，极端地讲可以容纳 16 条自动线，当然用自动线更好；如果市场不大，只能容纳最多 8 条自动线，可以考虑改建手工线。两者之间，可以考虑两类生产线的组合；当然还要考虑手工线有转产的优势。

那么柔性线与自动线的性价比呢？柔性线在购买价格上比自动线贵了 50W，如果可以用满 4 年，相当于柔性线比自动线贵 40W。从规则中可知，柔性线的优势在于转产，那么我们假设自动线转产一次，这个时候需要停产一个周期，同时支付 20W 的转产费。由于柔性线安装周期比自动线多一个周期，因此停产一个周期就相当于基本持平。这个时候自动线仍然比柔性线少支出 20W。但是如果自动线开始第二次转产，又需要停产一个周期和花费 20W 的转产费，显然柔性线可以比自动线多生产出一个产品，自然更具优势。

租赁线是非常特殊的一类生产线，兼具手工线和自动线的优势，建设时不需要任何投入，仅需在年末支付 55W 维修费，比自动线多出 35W 维修费，再扣除自动线 30W 折旧费，相差 5W，若用 5 年，仅相差 25W。但其不需要安装周期，比自动线可以多产出 3 个产品，完全可以赚回来这 25W，而且其前期资金压力小，优势不可小觑。但租赁线不计小分，若不及时处理更换，一直使用到比赛结束，可能对总分影响较大，反而不利排名。

另外，由于租赁线在 2010 国赛首次出现，使用者占有较大的优势。在 2011 年比赛中，其前三年维修费已经改为 70W/条，详见附录 2。

10. 紧急采购

紧急采购规则相对不被重视，甚至很多队都忽略了它的存在，认为一旦涉及，就是亏本的买卖，不能做。事实上，恰恰是这么一个不起眼的规则，在市场选单和竞单过程中，可以发挥出奇兵的重要作用。

例如在选单过程中，第 5 年和第 6 年的国际市场，P1 产品均价可以达到 60W，而这个时候，P1 产品的紧急采购价格也就是 60W。这就意味着，选单时如果出现大单而自己产能不够，完全可以利用紧急采购来补充；另外还可以利用这种类似代销的模式，扩大在该市场的销售额，从而帮助企业抢到市场老大的地位。同样别的产品也是如此，通过销售紧急采购可以在无形中扩大自己的产能。

另外在竞单规则中，由于产品最大销售价格可以是该产品直接成本的 3 倍。因此如果接到的订单是直接成本 3 倍的价格，即使产能不够，也可以利用紧急采购来弥补；同时因为紧急采购是随时可以购买，即买也可以即卖，所以还可以在交货期上占有一定的优势。

但是要注意，用紧急采购来交货并不是完全没有副作用的，即使在成本上没有亏损，也会导致把现金变成了应收款，因此在使用该方法时要先做好预算，看现金流是否可以支撑。

11. 按订单交货

合理安排订单交货的时间，配合现金预算的需要，可以起到削峰平谷，减少财务费用的效果。通常来说，产出了几个就按订单交几个，尽量多地去交货，但是有的时候，还应该参考订单的应收款账期，使得回款峰谷与现金支出峰谷正好匹配。

例如已经获得了两张订单，其中一张订单为 4 个 P1 总额是 200W，账期为 3Q；另外一张订单为 3 个 P1 总额为 150W，账期为 2Q。假设有两条自动线，第 2 季度正好生产出了 4 个 P1 产品可以用于交货，而通过预算发现，第 4 季度的研发费和下一年的广告费不足，可能会导致资金断流。这个时候，如果交的是 4 个 P1 的订单，显然，在第 4 季度时货款还是 1Q 应收款，须通过贴现的方式变现，会增加财务费用。而如果第 2 季度不是产多少交多少，而是充分考虑订单的应收款账期因素，在预算到第 4 季度的财务压力后，先交 3 个 P1 的订单，那么在第 4 季度就可以将 150W 的应收款收回，正好可以填补研发费、广告费的需求，从而避免贴现造成的财务费用。

因此合理安排订单交货的时间和次序，关注订单的应收账期，通过细致的预算和资金筹划，可以起到很好的"节流"效果。

12. 产品研发投资

在实际操作中经常会发现，有的企业一上来还没考虑建生产线，就先投资研发产品，结果出现产品研发完成了，可是生产线还没建成，导致无法正常生产；或者是有的企业生产线早早建好了，但是因为产品研发没完成，导致生产线白白停工。

产品研发是按季度投资的，生产线的投资也是按季度投资建设的。那么最理想的状态应该是产品研发刚完成，生产线也刚刚建成可以投入使用。

如表5-8所示，P1产品资格并不是从第1季度开始研发的，因为那样即使在3季度研发成功了，根据生产线的投资规划，也没有生产线可以生产。P5要到第2年第1季才能完成投资，则生产线从第1年第3季开始投资。

表5-8 产品研发与生产线投资

项 目	第1年				第2年			
	1季	2季	3季	4季	1季	2季	3季	4季
P1资格投资			10	10				
自动线(产P1)		50	50	50				
P5资格投资	10	10	10	10	10			
自动线(产P5)			50	50	50			

因此产品研发投资与生产线建设投资是密切相关的，两者协调好才能将有限的资源得到最大程度的利用。

13. 厂房贴现/应收款贴现

关于贴现，很多人都认为是增加财务费用的罪魁祸首，只有在资金周转不顺畅的时候，才会无奈地选择它，因此对贴现都抱有能不贴就不贴的态度。

但是否真如此呢？其实未必。与贷款相似，贴现是一种融资方式。贴现可以分两种情况：一种是在现金流遇到困难时，迫不得已去将应收款或者厂房做贴现处理，如果不贴，资金断流——属于被动贴现；另一种是主动贴现，如在市场宽松、资金不足的情况下，主动贴现以换取宝贵资金用于投入生产线的建设和产品的研发，从而达到迅速占领市场、扩大企业产能和市场份额的目的。

在被动贴现的情况下，一直处于以贴还债的境地，这个季度的现金不够了，就要将下一个季度的应收款贴现，虽然这个季度过去了，可是下个季度又会出现财务危机需要再次贴现，将陷入连环贴现的怪圈之中。

而主动贴现则不同，往往都是用于扩大企业生产规模和市场份额，追求效益最大化。贴息和利息一样都属于财务费用，从财务角度来看，只要其创造出比财务费用更高的利润，就是有价值的。

14. 季末数额对账

一个有经验的团队，都会在一年操作之前做好全年预算。但在具体执行时偶尔也会出现较低级的操作失误，比如忘记在建工程继续投资、忘记下一批生产等情况，如果到年底才发现，很可能就已经造成无可挽回的损失了。因此每个季度末的对账工作，是对该季度计划执行的一个检查，可以帮助各个企业及时发现问题，尽早想出对策。

季末盘点现金的另一个重要作用是通过分析季末现金，大概计算出企业的资金周转率。很多新人在经营初期都喜欢放很多现金在手上，觉得很有"安全感"。事实上现金是流动性最好，收益性最差的资产形式，再多的现金握在手中，无论多少年，也不会增加。但是现金对于企业来说就像是人的血液，万万不能缺少，现金流一旦断链，意味着企业马上会陷入破产的境地。因此在保证现金流安全的前提下，应尽可能降低季末结余现金，提高资金的周转率，甚至在计算精准的前提下，将季末现金做到零，这时就表示你已经把所有的资源都用到了极限。

15. 缴纳违约订单罚款

违约和交罚款，一般来说都不是好事。但是在一些特殊的情况下，结合一些特殊的战术，比如在有竞单规则的市场中，就可以起到化腐朽为神奇的功效。

在竞单的规则中，产品的总价可由各个队在产品直接成本的 1~3 倍区间内自己填写。因此即使已经在选单市场选了订单，只要竞单市场价格足够高，即使违约选单市场的订单，也是合算的。

例如：在选单市场接了一张 4 个 P3，总价 320W 的订单，如果违约需要缴纳总价的 20%，也就是 64W 的违约金，再加上 10W 的竞单费用，也就是说 4 个 P3 违约后的成本价是(320+64+10)=394W。在竞单市场，1 个 P3 可以最高卖到 120W，如果在竞单市场可以用 394W 以上的价格拿到 4 个 P3 的订单就不亏，最高价是 480W，还有不小的利润空间。况且竞单市场的账期和交货期有更高的灵活度，同时也可以让对手猜不透你的真正产能。

16. 支付设备维修费、计提折旧

折旧是逐年计提的，当净值等于残值时，就不需要继续计提折旧，且生产线可以继续使用。因此很多时候看到设备已经折到净残值的时候，会舍不得卖掉。而设备修护费是根据设备的数量来收取的，只要设备建成了，无论有没有生产都需要支付。维修费是在年底收取的，因此如果在年底结账之前将设备卖掉，就不需要支付了。根据这样的规则，如果在比赛最终只看权益，不考虑其他综合得分的情况下，卖掉部分生产线比较有利。

例如，第 1 年第 2 季度开始投资新建自动线，连续投资 3 个季度，在第 2 年第 1 季度完工建成，当年净值为 150W。根据建成当年不折旧的规则，这条自动线在第 3、4、5 年分别计提折旧 30W，那么到第 6 年底，净值 60W。因此，如果第 6 年不卖，年末计提折旧后，该自动线的剩余净值为 30W；如果第 6 年底直接卖掉，可以收回相当于残值的 30W 现金，另外 30W 算为损失。

比较刚才两种处理方法，从总财产的角度看是一样的。但是别忘了，如果生产线没有出售，年底需要支付维修费。这样一来，出售生产线比不出售可以少交维修费，变相地节约了开支。

注意，该方法只针对剩余残值或者折旧后剩余产值的生产线。如果这条自动线是第 3 年建成的，那么到第 6 年底还有 90W 的设备净值，如果也出售了，会导致有 60W 的损失，就划不来了。

还有一种情况，前期因为资金紧张，上了手工线，后期市场比较大，淘汰手工线是否合算呢？以 P2 为例，一年下来手工线产量为 2，可以带来的毛利只有 80W，扣除维修费 10W，净毛利 70W；而自动线产量是 4，一年带来的毛利是 160W，扣除维修费 20W，净毛利 140W，两种情况相差 70W。手工线累计折旧是 30W，自动线是 120W，也就是说自动线投资要多 90W；另外改建生产线要 3 季，手工线可以产出 1.5 个产品，毛利有 60W，也就是改建自动线相当于投资(60＋90)=150W。综上分析，如果自动线还可以再用两年多一点儿，改建就是合算的。

17. 商业情报收集/间谍

"知己知彼方能百战不殆！"自古兵家谋略都极其重视竞争对手的情报收集。沙盘虽小，但要想在激烈的竞争中脱颖而出，除了规划好企业自身的运作，还必须收集商业情报，时刻关注对手，针对其弱点制定相应的打击策略。

商业情报应该了解些什么？简单地说就是把别人的企业当成自己的企业来关注，通过间谍和观盘时间，尽可能多地记录下对手的信息，比如现金流、贷款额度、ISO 资质认证、市场开拓、产品研发、原材料的订单和库存、订单详情、生产线的类型和成品库存等，然后逐个分析，找出真正的竞争对手。

其中最重要的是能够分析提炼出竞争对手各种产品的"产能"和"现金流"，这两个要素在市场选单博弈中最关键。通过竞争对手的生产线情况以及原材料采购情况，可以推测出对手的最大产能及可能进行的转产计划，甚至是每个季度可以交付哪些产品。只有这样才能在选单或竞单博弈中，推断出对手的经营策略，并针对其产能采取遏制或规避战术。同样，对现金流的密切监控，可以分析出对手可能投放的广告量及拿单策略，这些信息都能为自身的决策提供重要依据。

订货会中，除了做好自己的选单，同时还要密切注意主要竞争对手的选单情况，不仅要记录他们销售的产品数量，还要对其交货期和账期进行密切关注和做好记录。尤其在有竞单规则的比赛中，关注对手的选单情况，就可以分析出他们在竞单市场的拿单能力，从而可以有针对性地制定竞单策略。

5.2 常用策略[1]

经营企业最为重要的一个环节就是公司的经营战略，经营什么？如何经营？怎样才能获取

---

[1] 本节所述策略是针对商战系统中自带规则方案中的默认标准方案，且以 600W 为初始权益。

最高的利润？这是每一个公司决策层首先需要考虑的问题。很多企业在经营伊始就犯下了致命的错误，所以在经营过程中绞尽脑汁也无法使企业走出困境。为了使读者在起跑线上就能赢得先机，笔者下面将列出几种成功的经典策略供参考。

1. P1、P2策略

(1) 优势

该策略的研发费用较低，仅为60W，能有效地控制住综合费用，进而使得利润、所有者权益能够保持在一个较高的水平，这样对于后期的发展非常有利。依照笔者的经验，第一年的所有者权益控制在440～450W为最佳，第二年实现盈利后，所有者权益会飙升至570W以上。笔者就曾以此策略在第三年扩建成10条生产线，这是迄今为止扩大产能速度最快的一种策略。即使经营环境恶劣到第二年一个产品都没有卖出去，依然可以轻松坚持到下一年。如果要迅速扩张，以产能来挤压竞争对手的生存空间，此策略无疑是最优的。

(2) 劣势

该策略的优势非常明显，但劣势则不易察觉。使用该策略可以在前期创造很大的优势，但在后期通常会神不知鬼不觉地被超越，这类例子下到普通训练赛上至国家级比赛不胜枚举。原因有二：一是P1、P2策略在后期缺乏竞争力，利润显然不如P3、P4，被所有者权益相差200W以内的对手反超不足为奇；二是当同学用此策略建立起前期优势后，难免有些心理上的松懈，赛场如战场，形式可能一日数变，如果缺乏足够的细心和耐心处理对手的信息，被对手在细节处超越的可能性也是很大的。

(3) 关键操作步骤

以600W初始权益为例，操作如下(本操作步骤只做一般性参考，读者切不可犯教条主义的错误)。

① 第一年
- 第1季：研发P2扣10W，管理费扣10W，现金余额为580W。
- 第2季：购买小厂房扣300W，新建2条P1自动线2条P2自动线扣200W，研发P2扣10W，管理费扣10W，现金余额为60W。
- 第3季：借入短期贷款加200W，订购原材料R3数量为2，建生产线扣200W，研发P1、P2扣20W，管理费扣10W，现金余额为30W。
- 第4季：借入短期贷款400W，订购原材料R1、R2、R3数量分别为2、2、2，建生产线扣200W，研发P1、P2扣20W，管理费扣10W，开拓全部市场扣50W，ISO开发9K扣10W，现金余额为140W，所有者权益为440W。

② 第二年

年初本地 P1 投 10W，P2 投 30W；区域 P1 投 10W，P2 投 30W。借入长期贷款 100W。

- ➢ 1 季度：到货原材料 R1、R2、R3 数量分别为 2、2、2，扣 60W；订购原材料 R1、R2、R3 数量分别为 2、2、2，生产 2 个 P1、2 个 P2，管理费扣 10W，现金余额为 250W。以下省略。
- ➢ 第 4 季：市场开拓国内、亚洲、国际；ISO 开 9K，14K 视权益的多少而定。

在卖出 6 个 P1、5 个 P2 后最终权益可以达到 570 W。

③ 第三年的贷款全部贷出，将所有应收账款拿出贴现，订单应多接小单，最优是每季产出就能卖出，其余细节就不赘述了。

(4) 该策略使用环境

主要用在初学者的比赛中，当对手大多采用 P3、P4 时也可运用该策略。

2. P2、P3 策略

这套策略可以称之为攻守兼备，推荐选择 2 条柔性线，P2、P3 各有一条自动线。

(1) 优势

此策略的优势在于使用者可以在比赛全程获得产品上的优势：P2 在第 3、4 两年的毛利可以达到 50W/个，这时可以用 3 条生产线生产 P2，达到利润的最大化；后期 P2 的利润仍然保持在 40W/个左右，而 P3 利润为 45W/个左右，差距不是很大；此外，P2 柔性线转产可使后期 P2 只有 1 条，极大地增加了转产其他产品的机动性。所以，该策略的优势概括起来就是全程保持较高的利润，无论战况如何都能处于一个有利的位置。

(2) 劣势

这套策略虽然可以使经营趋于一种稳定的状态，但倘若想要有大的作为，必须要再添几分筹码，如后期扩张时多开几条 P4 生产线。

(3) 关键操作步骤

- ➢ 因为 P3 最快也要到第 2 年第 3 季度才能投入使用，所以应该把一条 P3 的生产线设置在第 3 季度刚好能够使用，这样才能最大限度控制现金流。
- ➢ 倘若读者考虑到广告等问题觉得在第 2 年生产 P3 没有什么必要也可以缓一下，到第 3 年生产 P3，这样可以省下一条生产线的维修费用，折旧也可以推迟。需要注意的是这里也要做到生产线和研发的匹配，严格控制现金流。
- ➢ 第 1 年市场可以考虑不全开，因为产品的多元化已经能够起到分散销售产能的作用，大可不必亚洲、国际市场全开；ISO 方面，P2、P3 对于 14K 要求不严格，可以暂缓，但是 9K 一定要开，因为第 3 年市场往往会出现 9K 标志的订单，拥有认证就能占得先机。
- ➢ 第 2 年由于市场较小，P2 产能过大，可以考虑提高 P2 广告，初学者建议每个市场 40W、50W 足够，高级别比赛则要仔细斟酌。

(4) 使用环境

当所有产品的对手分布比较均衡，或者 P1、P4 市场过于拥挤可以使用此策略。

3. 纯 P2 策略

P2 是一个低成本高利润的产品，前期倘若能卖出数量可观的 P2 产品必定能使企业腾飞。

(1) 优势

开发 P2 产品所需成本仅为 40W，而 P2 产品利润均在 35W 以上，最高的在 3、4 两年单个产品利润可以超过 50W，即便后期的 5、6 两年 P2 产品的利润也在 40W 以上，倘若可以在前期拿到足够的订单，便可以迅速崛起。

(2) 劣势

由于 P2 产品的利润相当高，觊觎这块肥肉的人自然不在少数，所以极有可能造成市场紧张，以致拿不到足够的订单，风险颇大。

(3) 关键操作步骤

- 前期由于市场比较紧张所以推荐小厂房，第 2 年开发完成 3 条 P2 产品生产线，第 3 年再加 1 条。
- 第 2 年的广告多多益善，但总额最好不要超过 100W。
- 市场开拓方面建议全部开拓，ISO 在第 1 年的时候 9K 可投可不投，第 4 年再开也无妨，14K 前期不要开，可在第 4 年以后开。
- 扩建生产线速度要快，能多快就多快，因为战机就在第 3、4 两年，不可放过。

(4) 使用环境

P2 产品的市场不是很紧张就好，P2 产品生产线占总体的 40%以下均可使用。

4. 纯 P3 产品策略

纯 P3 策略堪称经典。原因有二：一是只研发 P3 产品的费用不高，只有 60W；二是三年以后 P3 产品的市场颇为可观。

(1) 优势

无论何种程度的比赛，P3 产品似乎都是一块鸡肋，表面上看来是"食之无味，弃之可惜"。但如果读者能够静下心来仔细揣摩参赛者的心理就可以明白，P3 产品前期不如 P2 的利润大，后期不如 P4 的利润大，况且 P3 产品门槛不太高，这都是 P3 产品的明显缺陷。正是由于这些缺陷在才导致了 P3 产品从来不会过于显眼，所以使用纯 P3 产品的策略往往可以起到规避风险的效果，这样就可以大大降低市场广告费用的投放，也就变相提高了产品的利润。此外，P3 产品后期利润有所增加，市场很大，故而可以建成多条生产线。笔者就曾用这套策略在训练赛中击败过 3 名高手。

(2) 劣势

因为 P3 产品的研发周期较长，所以在第 2 年卖不出多少，第 2 年若真的要生产将会面临生产线维修等诸多问题，需要考虑周全。从第 3 年开始生产就会导致权益太低，前期被压制，心理压力大，一旦失手就会输掉比赛。因此，选择这种策略一定要沉着冷静，需具备很高的心理素质。

(3) 关键操作步骤

➢ 推荐在第 3 年生产 P3 产品，小厂房，4 条自动线，这个时候市场很大，不需要多少广告就可以卖光产品。
➢ 市场要全部开拓，因为产品集中。
➢ ISO 研发选择 9K，第 3 年要拥有资格，14K 可放弃。
➢ 如果生产 P3 产品的对手过多，可在四年以后增加两条 P1 产品生产线，以缓解压力。
➢ 在第 2 年生产 P3 产品也可以，因为这样在第 3 年可以比别人多产出一季度的 P3 产品。

(4) 使用环境

在 P2 或者 P4 被普遍看好的情况下，或者参赛队生产 P3 总量不足需求量的 7 成。

5. 纯 P4 产品策略

纯 P4 产品策略绝对可以称为一个险招，所谓"不成功则成仁"。

(1) 优势

很明显，P4 产品的利润巨大，当你每卖出一个产品都能获得比别人多 10W 以上的利润时，1 条生产线可以多 40W，4 条就可以多 160W。比赛前期的 160W 意味着什么？意味着你可以多贷出 480W，480W 的贷款就可以多建 3 条生产线，一般来说前期的 50W 差距到后期就可以扩大到 200W 以上，何况 160W。此外 P4 产品还有一个优势就是要进入这个市场比进入 P3 产品市场难多了，不仅多了 60W 研发费用，原料成本也是很大的，所以如果对手不在初期进入市场，后期基本进不去，一旦前期确立了优势，那就意味着胜利到手了。而且 P4 产品的单价极高，倘若比赛规则中有市场老大，则使用纯 P4 产品可以轻易占据市场老大的地位，从而以最低的广告成本选择最优的订单。

(2) 劣势

因为纯 P4 产品的前期投入很大，会损失大量的所有者权益，所以往往要采用长期贷款的策略，这就背负上了很大的还款压力。而且 P4 产品的市场容量较小，所以，一旦前期对手较多则可能导致优势减弱或者全无优势，陷入苦战之中，那么结局就会很悲惨了。例如：2009 年全国总决赛中，本科组 28 支队伍中研发生产 P4 产品的队伍在第 2 年达到了 16 支，这直接导致了所有走纯 P4 产品路线的队伍在第 4 年就退出了竞争的行列，无一幸免。

(3) 关键操作步骤

- 前期需要借长期贷款，对于初学者来说基本上要借出 1500W，控制长期贷款的利息是很困难的，一定要小心谨慎。
- 也可以使用短期贷款，但真的很困难，不建议初学者使用。
- 倘若竞争对手很多，一定要在市场上挤垮对手，因为 P4 产品在前期市场比较紧，只要有一次接不到合适的单子就很难生存下去了，能坚持到最后的才是王者，所以，千万不要吝惜广告费。
- 如果要运用短贷，前期一定要控制权益，ISO 不要开，市场可以缓开一个，等到第 3、4 年缓过来再开不迟。

(4) 使用环境

P4 产品的市场不是很挤，P4 产品生产线占总生产线数的 25% 以下可放心使用。

6. P2、P4 策略

这套策略可以视为保守的 P4 产品策略，道理浅显易懂。

(1) 优势

前期在 P4 产品订单不足时可以将一定的产能分散到 P2，保证了第 2 年的盈利，这样就可以解决纯 P4 产品全借长贷的问题，至少可以部分使用短期贷款。第 2 年的利润大大的增加，扩建生产线的速度可以提高。此外 P2 产品、P4 产品的搭配对于夺得市场老大也是很有优势的，两个产品进攻同一个市场，一般对手根本挡不住。

(2) 劣势

前期研发费用有 160W，太高了，而且生产这两种产品的生产成本很高，资金周转速度太慢，需要较高的控制水平。

(3) 关键操作步骤

- 第 1 年短贷在第 3、4 季度各借 200W，2 季度买小厂房 300W；两条 P2 产品线，2 季度开建 4 季度完成投资；建两条 P4 产品线，4 季度开建下年 2 季度完成；市场开 4 个，ISO 不开，保持 400W 的所有者权益。
- 第 2 年广告费尽可能少投，长贷不借，各季度短贷分别为 200W、400W、400W、200W，市场全开，ISO 视所有者权益的多少进行开拓，权益在 470W 以上可以全部开拓。

(4) 使用环境

该策略适用于有"市场老大"且 P4 产品竞争对手较多时，当然也要根据市场环境适当地进行调整，灵活把握，避免犯教条主义的错误。

5.3 2008年第四届"用友杯"全国大学生创业设计暨沙盘模拟经营大赛夺冠心得[1]

2008年7月，三秦大地骄阳似火，来自全国百所高校的企业模拟经营沙盘鏖战在这里如火如荼地展开着。经过两天的激烈厮杀，我们湖南科技大学代表队终于获得了冠军。今天，沙盘战场的硝烟早已落幕，随着记忆的窗帘慢慢打开，这段难忘的回忆又仿佛带着我回到了四年前的古城西安，细细品味那其中的酸甜苦辣。

1. 网络热身、积极备战

话说经过湖南省赛的一番生死鏖战，终于在众多高校中力拔头筹，杀入决赛。但是听前一年参加过国赛的一位老师介绍，国赛中藏龙卧虎，高手如云，因此获得湖南省代表权后，除了激动和喜悦，更多的是感受到了来自国赛的压力。为了能够在国赛中有一个好的发挥，我们想尽办法在网上四处搜索比赛信息，学习比赛经验。

通过一段时间的网上模拟比赛，我们从刚开始逢赛必输、手忙脚乱、成绩垫底，到后来可以做到一个人独立运营一家公司——从广告拿单到资金预算，从采购原料到规划生产，半小时就可以经营完一年。我们的沙盘技战术水平有了质的飞越，更重要的是在交流中，开拓了我们的视野，结识了一群志同道合的"沙友"，增强了我们比赛的信心。这里小小"广告"一把，欢迎大家访问沙盘交流论坛——沙迷之家，网址为http://www.erpsp.cn。

时间在不知不觉中就溜走了，很快离比赛只有最后一周了，组委会召开网络会议，公布国赛规则和市场预测。最后的日子里，我们在老师的带领下，进行了为期一个星期的魔鬼式封闭训练。

我们对市场情况进行了详细地分析，列出所有的产品组合，再根据不同的情况进行资金预算及广告策略的设计，初始资金从55～70M的开局方案，我们都逐一进行了推演。经过验算，将效果不理想的方案逐一排除。偌大一个训练室的黑板上密密麻麻写满了我们推导的方案数据，就连我们去西安比赛的火车上也是一路都在推演方案。经过这样的大量推演，不仅大大提高了我们的计算能力，更对我们的方案组合及对可能出现的紧急情况的处理有了明显的帮助。

2. 剑走偏锋、狭路亮剑

经历了数天方案推演之后，我们总结出以下规律。

P4产品前期利润极高市场需求量大，是典型的金牛产品，虽然后期需求量逐渐减少，但

---

[1] 本心得针对的是创业者系统，故现金单位为M(百万)。作者系湖南科技大学毕业生楚万文。

是只要配合 P1 或者 P2 成长型产品做一些均衡，它是一条非常稳健的发展之道。但如果大家都看好这套方案，那么势必会造成非常惨烈的恶性竞争，可能会出现全输的结果。

相比较而言，P3 产品的利润不但没有 P4 那么丰厚，而且市场需求量特别是初期少得可怜，如果没有一个很好的销售支持，将会遇到资金流的瓶颈，即使配合 P1 或者 P2 产品分担销售压力，也会存在很大的风险，但只要可以挺过前三年，后期随着各个市场 P3 产品的需求开始放量，利润还是非常可观的。

由于国赛中将生产线的维修费设置成每年 2M/条，直接打压了前期本就不多的利润空间，因此在初始资金比较紧张的情况下，前期不可能同时生产 P3 和 P4 产品，这就意味着必须在决策之初就做出一个明确的产品选择。

我们讨论了很久，迟迟不敢轻易决断。到底是冲着 P4 这块大蛋糕去呢？还是冒险走一条小市场的 P3 之路？为了做出合理的决策，我们又对市场容量进行了测算，由于前期 P3 市场需求很小，发现如果 9 家以上做 P3，第二年就不能顺利地将产品卖完，那么 P3 的风险会很大；反过来，如果有超过 17 家以上做 P4，由于竞争太过激烈，那么 P4 的风险也会非常大。

分析后，我们最终决定，剑走偏锋，冒险一搏选 P3 的方案。方案定了，如何最大限度地保证 P3 方案的成功实施呢？我相信能够进国赛的队伍，大部分都是具备相当实力的，大家都会在比赛前做足准备，那么也就意味着，我们分析的 P3 或者 P4 方案在别人眼里也是同样的两难选择。比赛在即，各个队伍都对自己的方案讳莫如深，生怕被别人知道。这时不禁让我想起"狭路相逢勇者胜"这句话。勇于率先亮剑的队伍才可能吓退对手，获得主动权。只要可以吓退一家原打算做 P3 的队伍，那么就会多逼一家做 P4，自然胜利的天平就会向 P3 倾斜。

打定主意后，我们在比赛刚刚进场的时候，就非常高调地去裁判处领取了 5 条自动线生产 P3。果不其然，在别人眼里我们这一近乎疯狂的行为，立刻引发了赛场中一些恐慌情绪。在我们身边的一个队伍，原本也打算做 P3 产品，见到情况不妙，最终选择了 P4。逢敌先亮剑，给我们带来了先发制人的优势。

另外我们还留了一手。虽然我们非常高调地拿了 5 条自动线做 P3，但是电子系统中却迟迟没有进行任何操作——我们在亮剑的同时，给自己留了一条后路。初始年所有流程都是事先预设好的，鉴于我们平时的训练，完整走完不会超过 3 分钟。因此，我们决定先等别的组操作，当剩最后 15 分钟时，通过系统的间谍功能来观察对手，如果一旦发现局势不利于 P3 产品，马上采取 P4 产品的方案进行操作，这样可以保证我们不至于输在起跑线上。

最后，果不其然，P4 产品竞争异常激烈，后来甚至出现了投 5M 的广告费都没有办法拿到一张订单的情况。

通过剑走偏锋、狭路亮剑再加上按兵不动的策略，我们获得了一个很好的开局。可是正如老子说的"祸兮福之所倚，福兮祸之所伏"，骄兵必败，随后发生的事情，让我们深受打击。

3. 乐极生悲、塞翁失马

都说一个好的开局等于成功的一半，可是正当我们欢呼雀跃的时候，乐极生悲的故事发生了。市场中埋伏了一张利润相当可观的 3Q 交货的 P3 订单。而国赛规则采用的是创业规则，P3 的研发周期为 6Q，第 2 年的第 3 季度 P3 产品刚上生产线，即无论如何都无法在第 2 年的 3 季度交货。这是一个很简单、很明显的陷阱，甚至比赛前一天当我们拿到市场预测时，都开玩笑地说："比赛中肯定会设置这样的陷阱。可偏偏在最最关键的时候，意外发生了，我们一上来就选了张两个 P3、总价 18M、交货期为 3Q 的订单。这就意味着在这一年，要接受 5M 的违约罚款，这对一个 60M 初始权益的公司来说，无疑是晴天霹雳。更何况是在国赛这样高手云集的比赛中，任何一点小失误都会导致最后的失败。我们的好心情也像云霄飞车一样，从高空垂直坠下，一落千丈。

意外发生了，整个团队突然陷入了沉默。回想起两个多月来的辛苦付出，谁都不愿意相信刚刚看到的胜利希望就被我们自己的鼠标轻轻一点扼杀了。虽然每个人的心情都异常沉重，但是关键时刻，队员们没有一句怨言，没有一丝气馁，"没关系，我们继续！"一句简单的话语，使我们还没来得及落下的眼泪收了回去。"比赛还没有结束，我们还有希望！"很快我们相互安慰，彼此鼓励，马上调整好心态，第一时间对原有计划进行了调整。

紧接着，区域市场里，我们拿到了最大的 4 个 P3 的订单；由于没有顺利拿到 5 个 P3 的订单，对原来都已经投资了一期的 5 条全自动线，只继续投资其中 4 条，这样就可以节省一条生产线一年的维修费和折旧费；财务将原来的预算第一时间做了重新演算，调整了长短贷的比例……

我们比任何一个"守财奴"更苛刻地要求自己，每省下 1M 的费用都会让我们兴奋不已，每一个人的脸上都写满了认真，每一个人眼里透露出来的都是坚强！这一刻我们空前地团结，整个团队的士气因为这一突如其来的意外变得空前高涨，因为我们怀着梦想而来，我们不愿意梦想这么快就破灭。我们能行，我们要创造奇迹！

团队的凝聚力也许在平时训练中并不会很好地表现出来，但是当真正面临危机的时候，只有一个团结的队伍，才有可能战胜困难。也正是有了这一挫折，使我们的团队空前团结，让我们在后面的比赛中，无论是计算、操作还是战略安排，基本上做到了零失误。因此事后回想起之前这次意外的失误，我们会半开玩笑地说："真是塞翁失马，焉知非福啊！"

4. 打破常规、实现翻盘

危机过后，虽然我们一直努力追赶，但是毕竟开局的重创，让我们在 26 个队伍中始终在中游徘徊，如果没有突破常规的策略，将很难超越已经遥遥领先的竞争对手。

时间至第 5 年时，本届国赛刚刚推出的竞单方式就要上演了——客户只提供所需的产品及数量，具体的价格、交货期和账期都可以自己填写，通过暗标的形式，价格低、交货期早、账期长的公司能够获得订单，最高价格可以是直接成本的 3 倍。丰厚的利润诱惑着所有人，但又同时提醒着大家，如果全部将宝押在竞单上面，那么，一旦出现竞争激烈相互压价的情况，不仅无法获取满意的利润，还会有成品积压的风险。

高风险带来高回报，这是我们殊死一搏的机会。但是怎样合理安排竞单的数量，怎样合理填报价格等竞标参数，成了我们首先要考虑的问题。每一年结束，我们团队 5 个人全部出动，每人负责 5 家对手公司的信息搜集，从产能、库存，到现金、贷款，甚至连对手采购计划也逐一记录。然后在短短的 10 分钟内，将各家公司的信息进行汇总分析，挑选出主要的竞争对手。再通过对产能的分析，可以知道对手公司何时可以交多少个什么产品；通过对现金流的分析演算，可以分析出对手公司对账款回收期会有怎么样的安排，哪里会出现现金断流的压力；通过对市场及认证的分析，可以得出对手公司可能的广告投入方向和金额。通过这一系列的分析后，再对照自身的优势(当时我们已经拥有了 ISO 900 和 ISO 14000，市场全部开拓完成)，我们决定将重点放在竞单市场上。

只是了解对手还远远不够。第 4 年年末，由于 P3 产品一直处于蓝海状态，所以有的公司已经全线生产 P3 产品，产能高得吓人。面对这样疯狂的市场搏杀，如果没有好的博弈策略，也很难在这场较量中胜出。因此我们做出了一个大胆的决策，由于竞单市场的巨大诱惑，选单市场相对就比较轻松。我们首先在选单市场消化掉一半左右的产能，留一半产能到竞单市场伺机而动。这样即使竞单市场竞争异常激烈，也可以保证企业正常运营。

可是这毕竟是国赛的舞台，如果仅凭常规的方式，很难在强队如林的比赛中实现翻盘，这就要求我们必须打破常规，发散思维。在比赛期间我们终于想出一招撒手锏，就是巧妙地利用规则中的紧急采购和违约这两个不起眼的规则。

如果我接到的订单是直接成本 3 倍的价格，那么即使自己在数量上不够，也可以利用紧急采购来弥补，因为紧急采购成品也就是直接成本 3 倍的价格，这样就不需要担心产能不够了，同时还可以在交货期上占有一定的优势。

对于违约规则的利用也是同样的道理，例如我在选单市场接了一张 4 个 P3 共 32M 的订单，如果违约需要缴纳总价的 30%，也就是 9M 的违约金，再加上 1M 的竞单费用，也就是说 4 个

P3 违约后的机会成本是 42M。而在竞单市场，1 个 P3 可以最高卖到 12M，如果在竞单市场我可以用 42M 以上的价格拿到 4 个 P3 的订单，就不亏；如果可以满额 48M 获得订单，即使违约了前面选单市场的订单，仍然有的赚。况且竞单市场的账期和交货期有更大的灵活度，还可以让对手猜不透你真正的产能，从而达到压制对手的目的。

在充分利用规则的情况下，经过第 5 年和第 6 年的竞单市场拼杀后，我们通过精准的计算和成功的竞单博弈策略，连续两年净利润接近 70M，实现了惊天逆转，最终获得了冠军。

5. 人生似沙盘 沙盘似人生

获得冠军的心情此时此刻想起来还是异常的激动。从第一次选单的失误，到过程中的不断拼搏，让我感触很深。要说沙盘有没有必胜的秘诀，我认为制胜的公式就是：

胜利=计算＋博弈＋不犯错

- 计算：包含了我们常说的预算和"用数据说话"。即我们通常说的基本功，包括报表、预算和市场分析等。
- 博弈：沙盘的精髓，在于对市场和产品的分析基础上，摸清对手的战略、广告及拿单策略等。
- 不犯错：很多人貌似觉得这点是最不重要的，其实不然。很多时候我们会说某队运气不好、某队的点儿太背了，其根源都是因为犯了错。

总而言之，一个好的财务(计算)可以保证公司不死，一个好的市场(博弈)策略可以让公司壮大，在前两个条件差不多的情况下，不犯错或者少犯错的队伍就可以获得胜利！

我们不难发现，沙盘比赛中其实有很多"道"的存在，也就是我们经常说的规律和方法。比如古人告诉我们的"万事预则立，不预则废。"没有好的预算，没有走一步看三步的眼光，只能像哥伦布发现新大陆那样——要去哪里？不知道！在哪里？不知道！去过哪里？不知道！这样"哥伦布式"的决策方式，很难在沙盘比赛中获得好成绩。

再比如我们常说的"用数据说话"。在沙盘中最重要的法则之一，就是凡事要用数据进行检验。制定重要战略更是如此，要经过严谨周密的计算，提供翔实可靠的数据来支持决策。否则只能沦为"四拍"式管理——拍脑袋决策，拍胸部保证，拍大腿后悔，拍屁股走人。

人生似沙盘，沙盘似人生。就像老子的《道德经》中的开篇一样：道可道，非常道！还有很多类似的方法需要我们慢慢体会，如果我们从沙盘中可以悟出一点"道"，甚至将"道"运用到学习和生活中去，就非常有价值了！

2008年第四届国赛本科市场预测

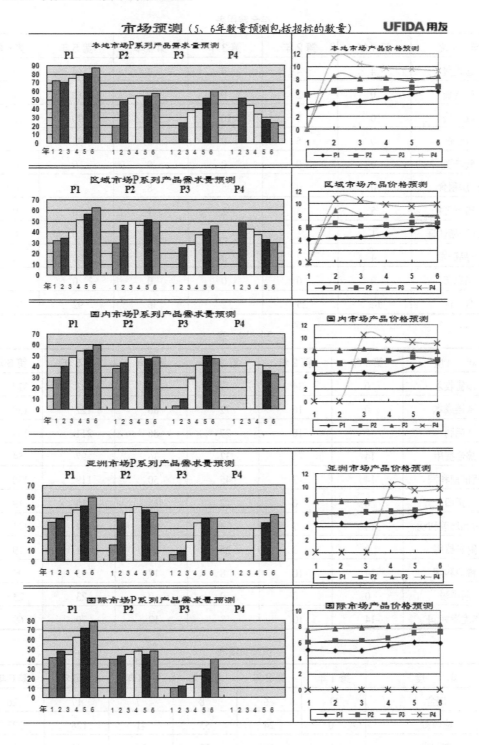

财务报表

综合费用表

年　　度	第1年	第2年	第3年	第4年	第5年	第6年
管理费	4	4	4	4	4	4
广告费	0	2	9	9	12	17
维修费	0	8	10	10	20	12
损失	0	5	0	0	53	21
转产费	0	0	0	0	0	0
厂房租金	0	0	5	8	3	0
新市场开拓	5	3	2	1	0	0
ISO 资格认证	1	1	2	2	0	0
产品研发	4	2	0	2	0	0
信息费	0	0	0	0	0	0
合　　计	14	25	32	36	92	54

利润表

年　　度	第1年	第2年	第3年	第4年	第5年	第6年
销售收入	0	34	149	166	333	314
直接成本	0	16	72	80	122	130
毛利	0	18	77	86	211	184
综合费用	14	25	32	36	92	54
折旧前利润	-14	-7	45	50	119	130
折旧	0	0	12	15	15	19
支付利息前利润	-14	-7	33	35	104	111
财务费用	0	3	25	18	11	19
税前利润	-14	-10	8	17	93	92
所得税	0	0	0	0	23	23
年度净利润	-14	-10	8	17	70	69

资产负债表

年　　度	第1年	第2年	第3年	第4年	第5年	第6年
现金	11	6	8	7	17	26
应收款	0	24	53	41	128	273
在制品	0	16	20	20	32	14
产成品	0	0	0	0	4	0

(续表)

年度	第1年	第2年	第3年	第4年	第5年	第6年
原料	0	0	0	0	0	0
流动资产合计	11	46	81	68	181	313
厂房	40	40	0	0	40	70
机器设备	0	60	63	48	113	70
在建工程	25	10	0	75	0	0
固定资产合计	65	110	63	123	153	140
资产总计	76	156	144	191	334	453
长期负债	10	40	40	50	80	150
短期负债	20	80	60	80	100	80
所得税	0	0	0	0	23	23
负债合计	30	120	100	130	203	253
股东资本	60	60	60	60	60	60
利润留存	0	-14	-24	-16	1	71
年度净利	-14	-10	8	17	70	69
所有者权益合计	46	36	44	61	131	200
负债和所有者权益总计	76	156	144	191	334	453

各年度现金预算表

现金预算表（第二年）

项目	Q1	Q2	Q3	Q4
期初库存现金	11			
市场广告投入	2			
支付上年应交税				
支付长贷利息	1			
支付到期长期贷款				
新借长期贷款	30			
贴现所得				9
季初库存现金	38	36	34	18
利息（短期贷款）			1	
支付到期短期贷款			20	
新借短期贷款	20	20	20	20
原材料采购支付现金			14	10
厂房租/购				
转产费				
生产线投资	20	20	5	
工人工资			4	4
收到现金前所有支出	20	20	44	14
应收款到期				
产品研发投资	1		1	
支付管理费用	1	1	1	1
设备维护费用				8
市场开拓投资				3
ISO资格认证				1
其他				5
季末库存现金余额	36	34	9	6

销售订单汇总登记表

	P1	P2	P3	P4
数量			4	
销售额			34	
成本			16	
毛利			18	

物料清单

产品	组成成分	成本
P1	R1+1M	2
P2	R2+R3+1M	3
P3	R1+R3+R4+1M	4
P4	R2+R3+2R4+1M	5

短贷利息 5%

 1

现金预算表（第三年）

项目	Q1	Q2	Q3	Q4
期初库存现金	6			
市场广告投入	9			
支付上年应交税				
支付长贷利息	4			
支付到期长期贷款				
新借长期贷款				
贴现所得	56	21	22	27
季初库存现金	49	22	22	44
利息（短期贷款）	1	1	1	1
支付到期短期贷款	20	20	20	20
新借短期贷款		20	20	20
原材料采购支付现金	12	15	15	15
厂房租/购	5			
转产费				
生产线投资	5			
工人工资	4	5	5	5
收到现金前所有支出	47	41	41	41
应收款到期			17	
产品研发投资				
支付管理费用	1	1	1	1
设备维护费用				10
市场开拓投资				2
ISO资格认证				2
其他				
季末库存现金余额	1		17	8

销售订单汇总登记表

	P1	P2	P3	P4
数量			18	
销售额			149	
成本			72	
毛利			77	

产品成分表

产品	组成成分	成本
P1	R1+1M	2
P2	R2+R3+1M	3
P3	R1+R3+R4+1M	4
P4	R2+R3+2R4+1M	5

短贷利息 5%

本年贴息 17

现金预算表(第四年)

项目				
期初库存现金	8			
市场广告投入	9			
支付上年应交税				
支付长贷利息	4			
支付到期长期贷款				
新借长期贷款	10			
贴现所得	9	9	27	54
季初库存现金	14	44	52	58
利息(短期贷款)		1	1	1
支付到期短期贷款		20	20	20
新借短期贷款	20	20	20	20
原材料采购支付现金	15	15	15	15
厂房租/购		3		
转产费				
生产线投资	5	20	25	25
工人工资	5	5	5	5
收到现金前所有支出	25	64	66	66
应收款到期	32	26		10
产品研发投资			1	1
支付管理费用	1	1	1	1
设备维护费用				10
市场开拓投资				1
ISO资格认证				2
其他	5			
季末库存现金余额	35	25	4	7

销售订单汇总登记表

	P1	P2	P3	P4
数量			20	
销售额			166	
成本			80	
毛利			86	

订单

产品成分表

产品	组成成分	成本
P_1	R1+1M	2
P_2	R2+R3+1M	3
P_3	R1+R3+R4+1M	4
P_4	R2+R3+2R4+1M	5

短贷利息　5%

本年贴息　11　

现金预算表(第五年)

项目				
期初库存现金	7			
市场广告投入	12			
支付上年应交税				
支付长贷利息	5			
支付到期长期贷款				
新借长期贷款	30			
贴现所得	18			
季初库存现金	38	35	62	64
利息(短期贷款)	1	1	1	1
支付到期短期贷款	20	20	20	20
新借短期贷款	40	20	20	20
原材料采购支付现金	21	22	22	22
厂房租/购				
转产费				
生产线投资	5			
工人工资	9	10	10	10
收到现金前所有支出	56	53	53	53
应收款到期	54	64	72	36
产品研发投资				
支付管理费用	1	1	1	1
设备维护费用				20
市场开拓投资				
ISO资格认证				
其他	40	3	36	29
季末库存现金余额	35	62	64	17

销售订单汇总登记表

	P1	P2	P3	P4
数量	11		25	
销售额	66		267	
成本	22		100	
毛利	44		167	

订单

产品成分表

产品	组成成分	成本
P_1	R1+1M	2
P_2	R2+R3+1M	3
P_3	R1+R3+R4+1M	4
P_4	R2+R3+2R4+1M	5

短贷利息　5%

本年贴息　2

现金预算表(第六年)				
期初库存现金	17			
市场广告投入	17			
支付上年应交税	23			
支付长贷利息	8			
支付到期长期贷款	10			
新借长期贷款	80			
贴现所得	54			
季初库存现金	93	126	62	71
利息(短期贷款)	2	1	1	1
支付到期短期贷款	40	20	20	20
新借短期贷款	40	20	20	
原材料采购支付现金	22	22	20	8
厂房租/购				
转产费				
生产线投资				
工人工资	10	10	10	6
收到现金前所有支出	74	53	51	35
应收款到期	68		41	
产品研发投资				
支付管理费用	1	1	1	1
设备维护费用				12
市场开拓投资				
ISO资格认证				
其他		30		-3
季末库存现金余额	126	62	71	26

销售订单汇总登记表

	P1	P2	P3	P4
数量	17		24	
销售额	105		209	
成本	34		96	
毛利	71		113	

产品成分表

产品	组成成分	成本
P1	R1+1M	2
P2	R2+R3+1M	3
P3	R1+R3+R4+1M	4
P4	R2+R3+2R4+1M	5

短贷利息 5%

本年贴息 6

5.4 2011年第七届"用友杯"全国大学生创业设计暨沙盘模拟经营大赛心得[1]

2011年第七届用友杯沙盘大赛高职组在四川财经职业学院展开，来自全国的85所高校同台竞争，经过两天激烈的角逐，各队的技术水平都得到了提升。

本次比赛规则见附录2。比赛采用"商战"实践平台，与往年比，有以下几个创新点。

➢ 引入了租赁线，且租赁线前三年与后三年的租金是不同的。前三年租金为70W/年，后三年为55 W/年。其可以先使用，年末付租金，且不用安装周期，优势较大，对初期扩大产能作用非常大。此次比赛以"总成绩=所有者权益×(1+企业综合发展潜力/100)－罚分"作为最终评分依据；租赁线是不计小分的，但后三年租金较低，有利于提高所有者权益，所以后期是否改建，决策难度较大。

➢ 有选单、竞单(第3年和第6年)两种市场方式，且两市场同时选单，但只有一台电脑可进行操作，学生的比赛难度加大了。

---

[1] 本节作者系顺德职业技术学院潘锦辉。

- 不给市场预测，而是在赛前直接给订单(包括选单和竞单)明细，在第一天比赛结束时，给第 5 年和第 6 年订单明细，各队的博弈力度加大。
- P4 产品吃 P1，P5 产品吃 P2，双层物料结构，计算难度加大。

总的来看，本次比赛市场容量虽然较宽松，但三个赛区竞争均较为激烈，破产队伍较少，每赛区(28 个队或 29 个队)不超过 4 支。下面以 B 赛区第二名顺德职业技术学院(U04)队员的视角来剖析该赛区之战况。

1. 赛前训练

2011 年的广东省赛开始之前，我们作为上一年国赛小组第一名，受到其他学校的关注，压力特别大。我们一点儿也不敢懈怠，常参加网赛，虚心请教沙迷朋友，交流比赛经验，以求发现自己的不足。

在一个多月的网赛中，我们一个人独自运营一家公司，做到精打细算，从刚开始的一小时运营一年，到后来的半小时运营一年，在这个过程中，通过与其他高校队员交流，加快了运算的速度，提高了思考和解决问题的能力。

除了密集的训练，我们还对历届大赛成功案例进行分析，各个队员轮流发表自己的见解，以发掘对手的竞争力，了解对手的心态和广告风格。

2. 赛前分析

从两年多的比赛经验得出，要取胜最基本的就是要有一个好的方案。很多人会问，如何才能做出好的方案呢？我们始终认为好的方案应该是以对人性的分析为基础的。

现实社会中，人最明显的特征就是贪婪，不惜铤而走险、飞蛾扑火。在沙盘模拟比赛中，可以做这样一个假设——竞争对手都是贪婪的，那么他们都会去选择毛利高的产品。这也会导致产能过剩，销售困难，广告额加大，利润空间变少。因此做方案时我们常会问自己，高利润产品真的会有这么多人做吗？为了更好地作出决策，我们根据组委会提供的订单明细对每一种产品的需求量及毛利进行了整理[1]，并预计了生产组数[2]，如表 5-9 所示。

表 5-9 毛利、需求量分析

分类 产品	毛 利					需 求 量					预计生产组数				
	2	3	4	5	6	2	3	4	5	6	2	3	4	5	6
P1	32	34	28	35	37	207	188	250	310	178	15	15	18	21	24
P2	44	43	33	38	39	135	200	285	241	167	15	17	20	22	24

---

1 由于竞单价格的不确定，故表中不包括竞单部分。

2 本赛区共 28 队。

(续表)

分类 产品	毛 利					需 求 量					预计生产组数				
P3	54	47	46	44	46	110	167	267	284	303	18	18	22	24	24
P4	76	68	65	69	71	169	142	177	130	105	4	4	4	4	4
P5	89	87	91	100	93	40	79	126	171	193	8	12	14	16	20

这里要注意，P4、P5 是双层结构，即生产 P4 需要以 P1 为原料，生产 P5 需要以 P2 为原料。通过以上数据可以分析出各产品市场的需求特点如下。

> P1 产品需求量虽然大，但毛利偏低，只适合前期进行过渡时使用；
> P2 产品需求量先增后减，毛利居中，适合前期进行稳健发展时使用；
> P3 产品毛利较高，且比较平衡，前期需求量较少，第 4 年剧增，适合第 4 年突破发展时进行使用，前期使用可能会造成销售困难，正常情况下不适合在前三年使用；
> P4 可以看成是 P1+P2，其毛利与 P1、P2 之和比并不占优势，前期需求量较大[1]，后两年有所下降；
> P5 可以看成是两个 P2，其毛利与两个 P2 比有优势，且逐年上升，仅第 6 年略有下降，但其需求量前期严重偏少，所以只适合后期突破使用。

3. 低调开局、艰难抉择

在经过系统分析之后，决定人弃我取，低调开局，生产综合毛利最低的 P4。可是如何才能在这场博弈中将 P4 产品的优势发挥到极致呢？考虑到后期要抛弃 P4，在战略转折过程中会产生很多的费用及损失，我们以 4 条手工线加 4 条柔性线开局，并把前四年的方案演算出来。

比赛开始时，我们很低调，尽量避开"枪打出头鸟"。果然，第 2 年间谍得知 28 个队伍中只有 6 个队生产 P4，所以选单时非常宽松，大部分无人问津，我们以 30W 的广告就把货出完了。然而 P3 的状况比想象中要"和谐"，只有 10 组生产，这导致了生产 P3 的队得到了快速发展。

接下来第 3 年准备再生产哪种产品，成了最关键的问题。此刻，更考验人的是如何面对人性的弱点，我们认为，既然第 2 年 P3 竞争不激烈，那肯定有其他未产 P3 的组会反思自己的决策，随之会加开租赁线生产 P3 产品。鉴于此，我们决定避开风口浪尖，生产 P2，让其他组进入 P3 市场竞争，那往后对我们就比较有利了。果然，第 3 年增加了两组产 P3，但还是不理想，此时我们开始反思自己的方案是否合理？第一天比赛结束的时候，我们去了解了其他两个赛区的 P3 情况，都是有 16 组以上在做，相对而言，B 区 P3 显得更"和谐"，队伍普遍比较保守，我们不禁感慨——真是人算不如天算。

---

1 一个 P4 需求相当于一个 P1 加一个 P2，因此与 P1、P2、P3 需求量比较，P4 实际需求量应将表中数字翻倍，P5 同理。

4. 临危不惧、沉稳应变

第3年我们计划是上4条租赁线生产12个P2，同时继续以P4为主打产品。原来设想P4只有4组生产，可以在竞单会把12个货都出完，而且价格与交货期都会比较有利，这样对后期的发展极有帮助。但赛场上的情况往往跟想象中的不一样，实际有7组生产P4，且在查看广告时发现，都有向竞单会出货的迹象，但竞单会只有23个P4需求，是绝对不够7组分的，竞争的天平已然偏向P3了。既然生产P4的队伍较为保守，在这个关键时刻我们只能孤注一掷，才有胜出的机会。

那年的P4广告，我们只投了两个市场，而且都是10W，仅是为了留条后路。实际选单的时候，我们不断地记录P4队伍的接单情况，在粗略判断他们留给竞单市场产能不多后，做出一个很大胆的决定，按照原计划把全部P4压到竞单市场。

竞单会中的23个P4分了8张单，数量分别是2、3、4、3、3、2、3、3，而我们最少要接到4张单才能把货出完。我们在纸上事先已经把全部P4单的价格写好了，第一张P4竞单是为了"试水"，看一下其他队的反应。原来以为不会有太多人抢单，所以我们始终抱着侥幸的心理，希望以3倍的价格(即最高价)得单；然而3倍的价格并没有出现，成交价在140W上下，单也没有落在我们手上。转眼，P4订单只剩下5张了，而我们一张单都没有接，这意味着……我不敢想象如果再抢不到单，以后会发生什么样的情况！

在这关键的时期，全体队员的注意力都高度集中，不断修改预先单价，从150~135W，又从135~133W，一次又一次的修改，最终把价格定在3个P4总额400W，但交货期和应收款账期基本上都是最差的。

我对当时抢单的情景记忆犹新，短短几分钟，已经汗流浃背。出价的时候，我的手自接触沙盘比赛以来头一次颤抖。因为交货期和应收款账期都很差，所以得分很高，最后顺利地在5张单之中抢回来4张。整个竞单过程中，我们没有出现一点失误，虽然利润不高，但也可以紧随生产P3的队伍。

赛后与A赛区、C赛区的队伍进行交流，有两组跟我们一样方案的队伍均在第3年抢单过程中由于紧张发生了填错交货期等情况，其中一组直接导致破产。可见遇到紧急情况时精神必须高度集中，不能犯低级错误，这是一个对参赛队员最基本的要求。

5. 路遥知马力

有惊无险的第3年过去了，接下来的三年比的就是耐力了。对于前期生产P4的我们来说，重新安排生产线和重新选择产品都很重要，因为这时候每种产品的利润都差不多，所以我们选了P2和P3，P2是为了避开竞争保持正常经营，P3是为了适当打压其他队伍。

为了达到更多的产能，很多队伍都在第4年开始使用租赁线适应市场需求，这样可以突然提高产能。但是我们认为租赁线不加分，如果第4年才开始使用，到了后期转为自动线不值得，所以我们提前在第3年新建了4条自动线，第4年产能达到52个，尽管库存了几个货没有出，但第4年的净利润达到454W，权益居整个赛区第二，这为我们增加了不少信心。

产能远远没有达到最大，我们第4年第3季度果断将生产P4产品的手工线卖掉，加紧时间建线，第5年第2季度投入使用，当年每条生产线都能产出两个产品，合计56个产能，第5年净利润673W，排在第4位，权益已经超越了第二名近100W，名列第一。后面的队伍已经划分为两个群体，一个是力争拿名次的，一个是保证不破产的。通过间谍得知，还有几支队伍有机会实现反超。在得知这个情况之后，我们全体出动，针对这几组做了全面的产能及生产线建设情况的分析，结论是如果这几支队伍按照正常价格接单，即竞单会不出现3倍成本价拿单的情况，就没有机会超过我们。

最激烈的第6年终于来了，因为当年市场相对比较宽松，我们只投了425W的广告，其他有反超能力的队伍均在550W以上，这让我们放松了不少。选单会上我们很容易就把P2销售完，而主打产品P3只剩下6个库存，我们想在竞单会上以3倍成本价拿单。可是这毕竟是国赛，第3年的P4竞单没有捞到好处，第6年也同样。竞单的时候，大多数队伍都想杀出重围，纷纷高价竞单，但偏偏有一些队伍低价出货，导致整个竞单会的平均单价都只有成本价的两倍甚至更低。在抢不到单的情况下，我们果断改变策略，把P3的价格都调低到75W/个左右，交货期最前，应收款账期最后，顺利地把6个库存出货。粗略计算了一下权益，估计应该没人能追得上了，于是开始演算第6年。

俗语说骄兵必败！真是不错。正是因为我们安于现状，才给了其他队伍可乘之机。第6年竞单的时候，很意外地给U21抢到了一张3倍价格的P4订单，交货期是3，应收款账期是4。在以往的比赛中，在第6年竞争如此激烈的情况下是不会发生这种事的。就是因为这张单，让U21把权益拉近了很多。最终结束时，我们的权益是2588W，U21是2527W，但U21的生产线全是柔性线，而我们只有6条柔性线，其他都是自动线，最终导致得分比他们少315分。

比赛结束之后我们进行了总结，如果当时U21仅以正常价抢到这张单，权益就会再下降100W左右，而恰恰是这100W左右的权益，帮助了U21组胜出。

安于现状令我们十分后悔，后来请教楚万文师兄，他说得没错，路遥知马力，不把每一步都计算好，就可能会导致失败。遇到这种情况应该每一张单都以3倍成本，交货期为1，应收账期为4出价，以防其他队伍抢到好单。

事实证明我们还是经验不足，仍有很大的提高空间。

6. 赛后反思

针对各产品不同年份生产组数，我们将预测与实际情况进行比较，如表 5-10 所示。

表 5-10 生产组数比较

生产组数 产品	预计生产组数					实际生产组数				
	2	3	4	5	6	2	3	4	5	6
P1	15	15	18	21	24	6	8	8	11	12
P2	15	17	20	22	24	17	16	12	10	14
P3	18	18	22	24	24	10	12	14	15	13
P4	4	4	4	4	4	6	7	6	7	9
P5	8	12	14	16	20	7	9	16	16	15

从表 5-10 可以看出，预计的生产组数跟实际的生产组数差别最大的是 P1、P2、P3 产品，也就是说在 B 赛区里面大部分队都倾向于避开竞争，从低利润产品入手进行侧面打击，再发展到高利润产品进一步拓宽发展空间，最终决定胜局。

U21 能实现反超，我们也认为这不仅仅是偶然，他们前期生产 P3，这必须有过人的胆识；中期转产 P5，证明他们在不断地观察市场动态，然后做相应调整；最后一年，突然转产 P4，也是因为没有完成销售量而做的临时调整。可见他们临场应变能力相当强，有勇有谋。这场比赛虽然输了，但遇到了真正的高手，实在是开心。

纵观整个 B 赛区，5 种产品竞争最激烈的是 P5，然而 P5 利润太高，虽然广告额单个市场平均超 100W，但还是有相当高的利润空间。从第 3 年的 9 组生产到第 4 年的 15 组生产就可以说明，大部分想胜出的队伍都不会放过 P5 这块"肥肉"。

此外，大部分队伍都有一个同样的想法，要赢比赛，就必须要选择最高利润的两种产品，比赛数据也反映了这一点，生产 P5 的基本上都生产 P3。为了达到最高净利润，不惜花巨额广告抢单，大收大支。而生产 P1、P2、P4 产品的组就只能小本经营，默默在后面紧跟着，寻求突破。

生产线方面，很多队伍都选择了使用自动线或者柔性线开局，第 3 年由于市场扩张再增加租赁线，后期资金充裕就把租赁换成自动线以求加分。

广告方面竞争其实并不激烈，主要的原因是前期 P3 竞争不激烈，后期生产 P5 的队伍并不如想象得那么多，相比其他赛区，B 区的广告较低。

财务报表：

综合费用表

年　　度	第1年	第2年	第3年	第4年	第5年	第6年
管理费	40	40	40	40	40	40
广告费	0	30	112	266	387	455
维护费	0	100	380	380	240	320
损失	0	0	0	80	220	0
转产费	0	0	0	0	0	0
租金	0	88	176	176	88	0
市场开拓费	50	30	20	10	0	0
产品研发费	60	70	30	0	40	0
ISO认证费	25	25	0	0	0	0
信息费	0	0	0	0	0	0
合计	175	383	758	952	1 015	815

利　润　表

年　　度	第1年	第2年	第3年	第4年	第5年	第6年
销售收入	0	1 085	2 386	3 691	4 331	4 380
直接成本	0	400	930	1 720	1 960	1 990
毛利	0	685	1 456	1 971	2 371	2 390
综合费用	175	383	758	952	1 015	815
折旧前利润	-175	302	698	1 019	1 356	1 575
折旧	0	0	200	160	280	420
支付利息前利润	-175	302	498	859	1 076	1 155
财务费用	0	100	207	253	179	324
税前利润	-175	202	291	606	897	831
所得税	0	7	73	152	224	208
年度净利润	-175	195	218	454	673	623

资产负债表

年　度	第1年	第2年	第3年	第4年	第5年	第6年
现金	85	254	3	721	409	1 785
应收款	0	548	998	1 197	2 576	2 976
在制品	0	160	400	440	430	0
产成品	0	0	30	120	70	0
原料	0	0	0	0	0	490
流动资产合计	85	962	1 431	2 478	3 485	5 251
厂房	440	0	0	0	880	1 760
机器设备	0	940	740	1 080	1 500	1 680
在建工程	800	0	600	400	200	0
固定资产合计	1 240	940	1 340	1 480	2 580	3 440
资产总计	1 325	1 902	2 771	3 958	6 065	8 691
长期贷款	0	200	784	1 084	1 624	3 643
短期贷款	900	1 075	1 076	1 430	2 252	2 252
特别贷款	0	0	0	0	0	0
所得税	0	7	73	152	224	208
负债合计	900	1 282	1 933	2 666	4 100	6 103
股东资本	600	600	600	600	600	600
利润留存	0	-175	20	238	692	1 365
年度净利	-175	195	218	454	673	623
所有者权益合计	425	620	838	1 292	1 965	2 588
负债和所有者权益总计	1 325	1 902	2 771	3 958	6 065	8 691

附录1

各年经营用表格

第一年资金预算表

	1	2	3	4
期初库存现金				
贴现收入				
支付上年应交税				
市场广告投入				
长贷本息收支				
支付到期短贷本息				
申请短贷				
原料采购支付现金				
厂房租买开支				
生产线(新在建，转，卖)				
工人工资(下一批生产)				
收到应收款				
产品研发				
支付管理费用及厂房续租				
市场及 ISO 开发(第四季)				
设备维护费用				
违约罚款				
其他				
库存现金余额				

要点记录

第一季度：_____

第二季度：_____

第三季度：_____

第四季度：_____

年底小结：_____

第一年经营流程表

	手工操作流程	系 统 操 作	手 工 记 录		
年初	新年度规划会议				
	广告投放	输入广告费确认			
	选单/竞单/登记订单	选单			
	支付应付税	系统自动			
	支付长贷利息	系统自动			
	更新长期贷款/长期贷款还款	系统自动			
	申请长期贷款	输入贷款数额并确认			
1	季初盘点(请填余额)	产品下线,生产线完工(自动)			
2	更新短期贷款/短期贷款还本付息	系统自动			
3	申请短期贷款	输入贷款数额并确认			
4	原材料入库/更新原料订单	需要确认金额			
5	下原料订单	输入并确认			
6	购买/租用——厂房	选择并确认,自动扣现金			
7	更新生产/完工入库	系统自动			
8	新建/在建/转产/变卖——生产线	选择并确认			
9	紧急采购(随时进行)	随时进行输入并确认			
10	开始下一批生产	选择并确认			
11	更新应收款/应收款收现	需要输入到期金额			
12	按订单交货	选择交货订单确认			
13	产品研发投资	选择并确认			
14	厂房——出售(买转租)/退租/租转买	选择确认,自动转应收款			
15	新市场开拓/ISO 资格投资	仅第四季允许操作			
16	支付管理费/更新厂房租金	系统自动			
17	出售库存	输入并确认(随时进行)			
18	厂房贴现	随时进行			
19	应收款贴现	输入并确认(随时进行)			
20	季末收入合计				
21	季末支出合计				
22	季末对账[(1)+(20)-(21)]				
年末	缴纳违约订单罚款	系统自动			
	支付设备维护费	系统自动			
	计提折旧	系统自动			
	新市场/ISO 资格换证	系统自动			
	结账				

订单登记表

订单号									合计
市　场									
产　品									
数　量									
账　期									
销售额									
成　本									
毛　利									
未　售									

产品销售核算统计表

	P1	P2	P3	P4	合　计
数量					
销售额					
成本					
毛利					

市场销售核算统计表

	本　地	区　域	国　内	亚　洲	国　际	合　计
数量						
销售额						
成本						
毛利						

组间交易明细表

买　入			卖　出		
产　品	数　量	金　额	产　品	数　量	金　额

第一年财务报表

综合费用表

项 目	金 额
管理费	
广告费	
设备维护费	
其他损失	
转产费	
厂房租金	
新市场开拓	
ISO 资格认证	
产品研发	
信息费	
合　计	

利　润　表

项 目	金 额
销售收入	
直接成本	
毛利	
综合费用	
折旧前利润	
折旧	
支付利息前利润	
财务费用	
税前利润	
所得税	
年度净利	

资产负债表

项 目	金 额	项 目	金 额
现金		长期负债	
应收款		短期负债	
在制品		应交所得税	
产成品			
原材料			
流动资产合计		负债合计	
厂房		股东资本	
生产线		利润留存	
在建工程		年度净利	
固定资产合计		所有者权益合计	
资产总计		负债和所有者权益总计	

注：库存折价拍价、生产线变卖、紧急采购、订单违约及注资记入损失。

第二年资金预算表

	1	2	3	4
期初库存现金				
贴现收入				
支付上年应交税				
市场广告投入				
长贷本息收支				
支付到期短贷本息				
申请短贷				
原料采购支付现金				
厂房租买开支				
生产线(新在建,转,卖)				
工人工资(下一批生产)				
收到应收款				
产品研发				
支付管理费用及厂房续租				
市场及ISO开发(第四季)				
设备维护费用				
违约罚款				
其他				
库存现金余额				

要点记录

第一季度：_____

第二季度：_____

第三季度：_____

第四季度：_____

年底小结：_____

第二年经营流程表

		手工操作流程	系 统 操 作	手 工 记 录		
年初		新年度规划会议				
		广告投放	输入广告费确认			
		选单/竞单/登记订单	选单			
		支付应付税	系统自动			
		支付长贷利息	系统自动			
		更新长期贷款/长期贷款还款	系统自动			
		申请长期贷款	输入贷款数额并确认			
	1	季初盘点(请填余额)	产品下线,生产线完工(自动)			
	2	更新短期贷款/短期贷款还本付息	系统自动			
	3	申请短期贷款	输入贷款数额并确认			
	4	原材料入库/更新原料订单	需要确认金额			
	5	下原料订单	输入并确认			
	6	购买/租用——厂房	选择并确认,自动扣现金			
	7	更新生产/完工入库	系统自动			
	8	新建/在建/转产/变卖——生产线	选择并确认			
	9	紧急采购(随时进行)	随时进行输入并确认			
	10	开始下一批生产	选择并确认			
	11	更新应收款/应付款收现	需要输入到期金额			
	12	按订单交货	选择交货订单确认			
	13	产品研发投资	选择并确认			
	14	厂房——出售(买转租)/退租/租转买	选择确认,自动转应收款			
	15	新市场开拓/ISO 资格投资	仅第四季允许操作			
	16	支付管理费/更新厂房租金	系统自动			
	17	出售库存	输入并确认(随时进行)			
	18	厂房贴现	随时进行			
	19	应收款贴现	输入并确认(随时进行)			
	20	季末收入合计				
	21	季末支出合计				
	22	季末对账[(1)+(20)−(21)]				
年末		缴纳违约订单罚款	系统自动			
		支付设备维护费	系统自动			
		计提折旧	系统自动			
		新市场/ISO 资格换证	系统自动			
		结账				

订单登记表

订单号										合计
市场										
产品										
数量										
账期										
销售额										
成本										
毛利										
未售										

产品销售核算统计表

	P1	P2	P3	P4	合计
数量					
销售额					
成本					
毛利					

市场销售核算统计表

	本地	区域	国内	亚洲	国际	合计
数量						
销售额						
成本						
毛利						

组间交易明细表

买入			卖出		
产品	数量	金额	产品	数量	金额

第二年财务报表

综合费用表

项 目	金 额
管理费	
广告费	
设备维护费	
其他损失	
转产费	
厂房租金	
新市场开拓	
ISO 资格认证	
产品研发	
信息费	
合 计	

利润表

项 目	金 额
销售收入	
直接成本	
毛利	
综合费用	
折旧前利润	
折旧	
支付利息前利润	
财务费用	
税前利润	
所得税	
年度净利	

资产负债表

项 目	金 额	项 目	金 额
现金		长期负债	
应收款		短期负债	
在制品		应交所得税	
产成品			
原材料			
流动资产合计		负债合计	
厂房		股东资本	
生产线		利润留存	
在建工程		年度净利	
固定资产合计		所有者权益合计	
资产总计		负债和所有者权益总计	

注：库存折价拍价、生产线变卖、紧急采购、订单违约及注资记入损失。

第三年资金预算表

	1	2	3	4
期初库存现金				
贴现收入				
支付上年应交税				
市场广告投入				
长贷本息收支				
支付到期短贷本息				
申请短贷				
原料采购支付现金				
厂房租买开支				
生产线(新在建，转，卖)				
工人工资(下一批生产)				
收到应收款				
产品研发				
支付管理费用及厂房续租				
市场及ISO开发(第四季)				
设备维护费用				
违约罚款				
其他				
库存现金余额				

要点记录

第一季度：_____

第二季度：_____

第三季度：_____

第四季度：_____

年底小结：_____

第三年经营流程表

		手工操作流程	系 统 操 作	手 工 记 录		
年初		新年度规划会议				
		广告投放	输入广告费确认			
		选单/竞单/登记订单	选单			
		支付应付税	系统自动			
		支付长贷利息	系统自动			
		更新长期贷款/长期贷款还款	系统自动			
		申请长期贷款	输入贷款数额并确认			
1		季初盘点(请填余额)	产品下线,生产线完工(自动)			
2		更新短期贷款/短期贷款还本付息	系统自动			
3		申请短期贷款	输入贷款数额并确认			
4		原材料入库/更新原料订单	需要确认金额			
5		下原料订单	输入并确认			
6		购买/租用——厂房	选择并确认,自动扣现金			
7		更新生产/完工入库	系统自动			
8		新建/在建/转产/变卖——生产线	选择并确认			
9		紧急采购(随时进行)	随时进行输入并确认			
10		开始下一批生产	选择并确认			
11		更新应收款/应收款收现	需要输入到期金额			
12		按订单交货	选择交货订单确认			
13		产品研发投资	选择并确认			
14		厂房——出售(买转租)/退租/租转	选择确认,自动转应收款			
15		新市场开拓/ISO 资格投资	仅第四季允许操作			
16		支付管理费/更新厂房租金	系统自动			
17		出售库存	输入并确认(随时进行)			
18		厂房贴现	随时进行			
19		应收款贴现	输入并确认(随时进行)			
20		季末收入合计				
21		季末支出合计				
22		季末对账[(1)+(20)－(21)]				
年末		缴纳违约订单罚款	系统自动			
		支付设备维护费	系统自动			
		计提折旧	系统自动			
		新市场/ISO 资格换证	系统自动			
		结账				

订单登记表

订单号										合计
市场										/////
产品										/////
数量										/////
账期										/////
销售额										
成本										
毛利										
未售										

产品销售核算统计表

	P1	P2	P3	P4	合计
数量					
销售额					
成本					
毛利					

市场销售核算统计表

	本地	区域	国内	亚洲	国际	合计
数量						
销售额						
成本						
毛利						

组间交易明细表

买入			卖出		
产品	数量	金额	产品	数量	金额

第三年财务报表

综合费用表

项　目	金　额
管理费	
广告费	
设备维护费	
其他损失	
转产费	
厂房租金	
新市场开拓	
ISO 资格认证	
产品研发	
信息费	
合　计	

利润表

项　目	金　额
销售收入	
直接成本	
毛利	
综合费用	
折旧前利润	
折旧	
支付利息前利润	
财务费用	
税前利润	
所得税	
年度净利	

资产负债表

项　目	金　额	项　目	金　额
现金		长期负债	
应收款		短期负债	
在制品		应交所得税	
产成品			
原材料			
流动资产合计		负债合计	
厂房		股东资本	
生产线		利润留存	
在建工程		年度净利	
固定资产合计		所有者权益合计	
资产总计		负债和所有者权益总计	

注：库存折价拍价、生产线变卖、紧急采购、订单违约及注资记入损失。

第四年资金预算表

	1	2	3	4
期初库存现金				
贴现收入				
支付上年应交税					
市场广告投入					
长贷本息收支					
支付到期短贷本息				
申请短贷				
原料采购支付现金				
厂房租买开支				
生产线(新在建，转，卖)				
工人工资(下一批生产)				
收到应收款				
产品研发				
支付管理费用及厂房续租				
市场及ISO开发(第四季)				
设备维护费用				
违约罚款				
其他				
库存现金余额				

要点记录

第一季度：_____

第二季度：_____

第三季度：_____

第四季度：_____

年底小结：_____

第四年经营流程表

	手工操作流程	系统操作	手工记录		
年初	新年度规划会议				
	广告投放	输入广告费确认			
	选单/竞单/登记订单	选单			
	支付应付税	系统自动			
	支付长贷利息	系统自动			
	更新长期贷款/长期贷款还款	系统自动			
	申请长期贷款	输入贷款数额并确认			
1	季初盘点(请填余额)	产品下线,生产线完工(自动)			
2	更新短期贷款/短期贷款还本付息	系统自动			
3	申请短期贷款	输入贷款数额并确认			
4	原材料入库/更新原料订单	需要确认金额			
5	下原料订单	输入并确认			
6	购买/租用——厂房	选择并确认,自动扣现金			
7	更新生产/完工入库	系统自动			
8	新建/在建/转产/变卖——生产线	选择并确认			
9	紧急采购(随时进行)	随时进行输入并确认			
10	开始下一批生产	选择并确认			
11	更新应收款/应付款收现	需要输入到期金额			
12	按订单交货	选择交货订单确认			
13	产品研发投资	选择并确认			
14	厂房——出售(买转租)/退租/租转	选择确认,自动转应收款			
15	新市场开拓/ISO资格投资	仅第四季允许操作			
16	支付管理费/更新厂房租金	系统自动			
17	出售库存	输入并确认(随时进行)			
18	厂房贴现	随时进行			
19	应收款贴现	输入并确认(随时进行)			
20	季末收入合计				
21	季末支出合计				
22	季末对账[(1)+(20)−(21)]				
年末	缴纳违约订单罚款	系统自动			
	支付设备维护费	系统自动			
	计提折旧	系统自动			
	新市场/ISO资格换证	系统自动			
	结账				

订单登记表

订单号										合计
市场										//////
产品										//////
数量										//////
账期										//////
销售额										
成本										
毛利										
未售										

产品销售核算统计表

	P1	P2	P3	P4	合计
数量					
销售额					
成本					
毛利					

市场销售核算统计表

	本地	区域	国内	亚洲	国际	合计
数量						
销售额						
成本						
毛利						

组间交易明细表

买入			卖出		
产品	数量	金额	产品	数量	金额

第四年财务报表

综合费用表

项 目	金 额
管理费	
广告费	
设备维护费	
其他损失	
转产费	
厂房租金	
新市场开拓	
ISO 资格认证	
产品研发	
信息费	
合　计	

利 润 表

项 目	金 额
销售收入	
直接成本	
毛利	
综合费用	
折旧前利润	
折旧	
支付利息前利润	
财务费用	
税前利润	
所得税	
年度净利	

资产负债表

项 目	金 额	项 目	金 额
现金		长期负债	
应收款		短期负债	
在制品		应交所得税	
产成品			
原材料			
流动资产合计		负债合计	
厂房		股东资本	
生产线		利润留存	
在建工程		年度净利	
固定资产合计		所有者权益合计	
资产总计		负债和所有者权益总计	

注：库存折价拍价、生产线变卖、紧急采购、订单违约及注资记入损失。

第五年资金预算表

	1	2	3	4
期初库存现金				
贴现收入				
支付上年应交税				
市场广告投入				
长贷本息收支				
支付到期短贷本息				
申请短贷				
原料采购支付现金				
厂房租买开支				
生产线(新在建，转，卖)				
工人工资(下一批生产)				
收到应收款				
产品研发				
支付管理费用及厂房续租				
市场及ISO开发(第四季)				
设备维护费用				
违约罚款				
其他				
库存现金余额				

要点记录

第一季度：＿＿＿＿＿＿＿＿＿＿＿＿＿＿＿＿＿＿＿＿＿＿＿＿＿＿＿＿＿＿＿＿

第二季度：＿＿＿＿＿＿＿＿＿＿＿＿＿＿＿＿＿＿＿＿＿＿＿＿＿＿＿＿＿＿＿＿

第三季度：＿＿＿＿＿＿＿＿＿＿＿＿＿＿＿＿＿＿＿＿＿＿＿＿＿＿＿＿＿＿＿＿

第四季度：＿＿＿＿＿＿＿＿＿＿＿＿＿＿＿＿＿＿＿＿＿＿＿＿＿＿＿＿＿＿＿＿

年底小结：＿＿＿＿＿＿＿＿＿＿＿＿＿＿＿＿＿＿＿＿＿＿＿＿＿＿＿＿＿＿＿＿

第五年经营流程表

	手工操作流程	系统操作	手工记录			
年初	新年度规划会议					
	广告投放	输入广告费确认				
	选单/竞单/登记订单	选单				
	支付应付税	系统自动				
	支付长贷利息	系统自动				
	更新长期贷款/长期贷款还款	系统自动				
	申请长期贷款	输入贷款数额并确认				
1	季初盘点(请填余额)	产品下线,生产线完工(自动)				
2	更新短期贷款/短期贷款还本付息	系统自动				
3	申请短期贷款	输入贷款数额并确认				
4	原材料入库/更新原料订单	需要确认金额				
5	下原料订单	输入并确认				
6	购买/租用——厂房	选择并确认,自动扣现金				
7	更新生产/完工入库	系统自动				
8	新建/在建/转产/变卖——生产线	选择并确认				
9	紧急采购(随时进行)	随时进行输入并确认				
10	开始下一批生产	选择并确认				
11	更新应收款/应收款收现	需要输入到期金额				
12	按订单交货	选择交货订单确认				
13	产品研发投资	选择并确认				
14	厂房——出售(买转租)/退租/租转	选择确认,自动转应收款				
15	新市场开拓/ISO资格投资	仅第四季允许操作				
16	支付管理费/更新厂房租金	系统自动				
17	出售库存	输入并确认(随时进行)				
18	厂房贴现	随时进行				
19	应收款贴现	输入并确认(随时进行)				
20	季末收入合计					
21	季末支出合计					
22	季末对账[(1)+(20)-(21)]					
年末	缴纳违约订单罚款	系统自动				
	支付设备维护费	系统自动				
	计提折旧	系统自动				
	新市场/ISO资格换证	系统自动				
	结账					

订单登记表

订单号									合计
市场									
产品									
数量									
账期									
销售额									
成本									
毛利									
未售									

产品销售核算统计表

	P1	P2	P3	P4	合计
数量					
销售额					
成本					
毛利					

市场销售核算统计表

	本地	区域	国内	亚洲	国际	合计
数量						
销售额						
成本						
毛利						

组间交易明细表

买入			卖出		
产品	数量	金额	产品	数量	金额

第五年财务报表

综合费用表

项 目	金 额
管理费	
广告费	
设备维护费	
其他损失	
转产费	
厂房租金	
新市场开拓	
ISO 资格认证	
产品研发	
信息费	
合 计	

利 润 表

项 目	金 额
销售收入	
直接成本	
毛利	
综合费用	
折旧前利润	
折旧	
支付利息前利润	
财务费用	
税前利润	
所得税	
年度净利	

资产负债表

项 目	金 额	项 目	金 额
现金		长期负债	
应收款		短期负债	
在制品		应交所得税	
产成品			
原材料			
流动资产合计		负债合计	
厂房		股东资本	
生产线		利润留存	
在建工程		年度净利	
固定资产合计		所有者权益合计	
资产总计		负债和所有者权益总计	

注：库存折价拍价、生产线变卖、紧急采购、订单违约及注资记入损失。

第六年资金预算表

	1	2	3	4
期初库存现金				
贴现收入				
支付上年应交税					
市场广告投入					
长贷本息收支					
支付到期短贷本息				
申请短贷				
原料采购支付现金				
厂房租买开支				
生产线(新在建，转，卖)				
工人工资(下一批生产)				
收到应收款				
产品研发				
支付管理费用及厂房续租				
市场及ISO开发(第四季)					
设备维护费用					
违约罚款					
其他				
库存现金余额				

要点记录

第一季度：_____

第二季度：_____

第三季度：_____

第四季度：_____

年底小结：_____

第六年经营流程表

	手工操作流程	系统操作	手工记录		
年初	新年度规划会议				
	广告投放	输入广告费确认			
	选单/竞单/登记订单	选单			
	支付应付税	系统自动			
	支付长贷利息	系统自动			
	更新长期贷款/长期贷款还款	系统自动			
	申请长期贷款	输入贷款数额并确认			
1	季初盘点(请填余额)	产品下线，生产线完工(自动)			
2	更新短期贷款/短期贷款还本付息	系统自动			
3	申请短期贷款	输入贷款数额并确认			
4	原材料入库/更新原料订单	需要确认金额			
5	下原料订单	输入并确认			
6	购买/租用——厂房	选择并确认，自动扣现金			
7	更新生产/完工入库	系统自动			
8	新建/在建/转产/变卖——生产线	选择并确认			
9	紧急采购(随时进行)	随时进行输入并确认			
10	开始下一批生产	选择并确认			
11	更新应收款/应收款收现	需要输入到期金额			
12	按订单交货	选择交货订单确认			
13	产品研发投资	选择并确认			
14	厂房——出售(买转租)/退租/租转	选择确认，自动转应收款			
15	新市场开拓/ISO 资格投资	仅第四季允许操作			
16	支付管理费/更新厂房租金	系统自动			
17	出售库存	输入并确认(随时进行)			
18	厂房贴现	随时进行			
19	应收款贴现	输入并确认(随时进行)			
20	季末收入合计				
21	季末支出合计				
22	季末对账[(1)+(20)−(21)]				
年末	缴纳违约订单罚款	系统自动			
	支付设备维护费	系统自动			
	计提折旧	系统自动			
	新市场/ISO 资格换证	系统自动			
	结账				

订单登记表

订单号										合计
市场										
产品										
数量										
账期										
销售额										
成本										
毛利										
未售										

产品销售核算统计表

	P1	P2	P3	P4	合计
数量					
销售额					
成本					
毛利					

市场销售核算统计表

	本地	区域	国内	亚洲	国际	合计
数量						
销售额						
成本						
毛利						

组间交易明细表

买入			卖出		
产品	数量	金额	产品	数量	金额

第六年财务报表

综合费用表

项 目	金 额
管理费	
广告费	
设备维护费	
其他损失	
转产费	
厂房租金	
新市场开拓	
ISO资格认证	
产品研发	
信息费	
合 计	

利 润 表

项 目	金 额
销售收入	
直接成本	
毛利	
综合费用	
折旧前利润	
折旧	
支付利息前利润	
财务费用	
税前利润	
所得税	
年度净利	

资产负债表

项 目	金 额	项 目	金 额
现金		长期负债	
应收款		短期负债	
在制品		应交所得税	
产成品			
原材料			
流动资产合计		负债合计	
厂房		股东资本	
生产线		利润留存	
在建工程		年度净利	
固定资产合计		所有者权益合计	
资产总计		负债和所有者权益总计	

注：库存折价拍价、生产线变卖、紧急采购、订单违约及注资记入损失。

生产计划与原料订购

		11	12	13	14	21	22	23	24	31	32	33	34
1	产品												
	原料												
2	产品												
	原料												
3	产品												
	原料												
4	产品												
	原料												
5	产品												
	原料												
6	产品												
	原料												
7	产品												
	原料												
8	产品												
	原料												
9	产品												
	原料												
10	产品												
	原料												
合计	产品												
	原料												

(续表)

		41	42	43	44	51	52	53	54	61	62	63	64
1	产品												
	原料												
2	产品												
	原料												
3	产品												
	原料												
4	产品												
	原料												
5	产品												
	原料												
6	产品												
	原料												
7	产品												
	原料												
8	产品												
	原料												
9	产品												
	原料												
10	产品												
	原料												
合计	产品												
	原料												

附录2

第七届"用友杯"全国大学生创业设计暨沙盘模拟经营大赛全国总决赛规则

一、参赛队

每支参赛队5名队员，分工如下：

总经理

财务总监

营销总监

采购总监

生产总监

> **提请注意**

- ➢ 带队老师不允许入场；
- ➢ 比赛期间，所有参赛队员不得使用手机与外界联系，电脑仅限于作为系统运行平台，可以自制一些工具，但不得登录Internet与外界联系，否则取消参赛资格；
- ➢ 每个代表队允许有一台电脑连接服务器；
- ➢ 比赛时间以本赛区所用服务器时间为准；
- ➢ 比赛经营六年。

二、运行方式及监督

本次大赛以"商战"电子沙盘(以下简称系统)为主运作企业。

各队应配备至少两台配有 RJ45 网卡的笔记本电脑(并自带接线板、纸、铅笔、橡皮、经营表格),但只允许一台电脑接入局域网;作为运行平台,建议安装录屏软件。比赛过程中,学生端最好启动录屏文件,全程录制经营过程,建议每一年经营录制为一个独立的文件。一旦发生问题,以录屏结果为证,以裁决争议。如果擅自停止录屏过程,按系统的实际运行状态执行。录屏软件请自行去相关网站下载并提前学会使用,比赛期间组委会不负责提供,也不负责指导使用。

为了系统更快更顺畅地运行,限制每队只能使用一台电脑,且每台电脑一个浏览器接入比赛系统。请大家自觉遵守,如果恶意多开,裁判有权终止该队比赛。

大赛设裁判组,负责大赛中所有比赛过程的监督和争议裁决。

> **提请注意**
>
> 自带的电脑操作系统和浏览器要保持干净、无病毒,IE 浏览器版本在 6.0(包括)以上,同时需要安装 Flash Player 插件。请各队至少多备一台电脑,以防万一。

三、企业运营流程

企业运营流程建议按照竞赛手册的运营流程表中列示的流程严格执行。

每年经营结束后,各参赛队需要在系统中填制资产负债表。若不填,则算报表错误一次并扣分,但不影响经营。此次比赛不需要交纸质报表给裁判核对。

四、竞赛规则

1. 生产线

生 产 线	购置费/W	安装周期/Q	生产周期/Q	总转产费/W	转产周期/Q	维修费/W/年	残值/W
手工线	35	无	2	0	无	5	5
租赁线(前三年)	0	无	1	20	1	70	-70
租赁线(后三年)	0	无	1	20	1	55	-55
自动线	150	3	1	20	1	20	30
柔性线	200	4	1	0	无	20	40

不论何时出售生产线，从生产线净值中取出的相当于残值的部分计入现金，净值与残值之差计入损失；只有空的并且已经建成的生产线方可转产；当年建成的生产线、转产中的生产线都要交维修费；生产线不允许在不同厂房间移动。租赁线提到的前三年、后三年指的是系统时间，非使用时间；租赁线不需要购置费，不用安装周期，不提折旧，维修费可以理解为租金；其在出售时(可理解为退租)，系统将扣 70W/条(前三年)或 55W/条(后三年)的清理费用，记入损失；该类生产线不计小分。手工线不计小分。

2. 折旧(平均年限法)

生产线	购置费/W	残值/W	建成第1年/W	建成第2年/W	建成第3年/W	建成第4年/W	建成第5年/W
手工线	35	5	0	10	10	10	
自动线	150	30	0	30	30	30	30
柔性线	200	40	0	40	40	40	40

当年建成的生产线当年不提折旧，当净值等于残值时生产线不再计提折旧，但可以继续使用。

3. 融资

贷款类型	贷款时间	贷款额度	年息	还款方式
长期贷款	每年年初	所有长贷和短贷之和不能超过上年权益的3倍	10%	年初付息，到期还本；每次贷款为不小于10的整数
短期贷款	每季度初		5%	到期一次还本付息；每次贷款为不小于10的整数
资金贴现	任何时间	视应收款额	10%(1季，2季)，12.5%(3季，4季)	变现时贴息，可对1，2季应收联合贴现(3，4季同理)
库存拍卖	原材料8折，成品按成本价			

长贷利息计算是将所有不同年份长贷加总再乘以利率，然后四舍五入算利息。短贷利息是按每笔短贷分别计算。

4. 厂房

厂房	买价/W	租金/W/年	售价/W	容量/条	厂房出售得到4个账期的应收款，紧急情况下：可将厂房贴现(4季贴现)，直接得到现金，如厂房中有生产线，同时要扣租金
大厂房	440	44	440	4	
中厂房	300	30	300	3	
小厂房	180	18	180	2	

每季均可租或买，租满一年的厂房在满年的季度(若第 2 季租的，则在以后各年第 2 季为满年，可进行处理)，需要用"厂房处理"进行"租转买"、"退租"(当厂房中没有任何生产线时)等处理；若未加处理，则原来租用的厂房在满年季末自动续租。厂房不计提折旧；生产线不允许在不同厂房间移动。

厂房使用可以任意组合，但总数不能超过 4 个，如租 4 个小厂房或买 4 个大厂房或租 1 个大厂房买 3 个中厂房。

5. 市场准入

市 场	开 发 费/W/年	时 间/年
本地	10	1
区域	10	1
国内	10	2
亚洲	10	3
国际	10	4

开发费用按开发时间在年末平均支付,不允许加速投资,但可中断投资
市场开发完成后，领取相应的市场准入证

无须交维护费，中途可停止使用，也可继续拥有资格并在以后年份使用。市场开拓，只有在第 4 季度才可以使用。

6. 资格认证

认 证	ISO 9000	ISO 14000
时 间/年	2	2
费 用/W/年	10	15

开发费用按开发时间在年末平均支付，不允许加速投资,但可中断投资
ISO 开发完成后，领取相应的认证

无须交维护费，中途停止使用，也可继续拥有资格并在以后年份中使用。ISO 认证，只有在第 4 季度才可以使用。

7. 产品

名 称	开发费用 /W/季	开发周期 /季	加工费 /W/个	直接成本 /W/个	产 品 组 成
P1	10	2	10	20	R1
P2	10	3	10	30	R2＋R3
P3	10	4	10	40	R1＋R3＋R4
P4	10	5	10	50	R2＋R3＋P1(注意 P1 为中间品)
P5	10	6	10	60	R3＋R4＋P2(注意 P2 为中间品)

8. 原料

名 称	购买价格/W/个	提 前 期/季
R1	10	1
R2	10	1
R3	10	2
R4	10	2

9. 紧急采购

付款即到货，原材料价格为直接成本的两倍，成品价格为直接成本的3倍。

紧急采购原材料和产品时，直接扣除现金。上报报表时，成本仍然按照标准成本记录，紧急采购多付出的成本计入费用表的损失项。

10. 选单规则

投 10W 广告有一次选单机会，每增加 20W 多一次机会；若投小于 10W 广告则无选单机会，但仍扣广告费，对计算市场广告额有效；广告投放可以是非 10 倍数，如 11W、12W。

投广告，只有裁判宣布的最晚时间，没有最早时间。即在系统经营结束后可以马上投广告。

以本市场本产品广告额投放大小顺序依次选单；若两队本市场本产品广告额相同，则看本市场广告投放总额；若本市场广告总额也相同，则看上年本市场销售排名；如仍无法决定，先投广告者先选单。第一年无订单。

选单时，两个市场同时开单，各队需要同时关注两个市场的选单进展，其中一个市场先结束，则第三个市场立即开单，即任何时候都会有两个市场同开，除非到最后只剩下一个市场选单未结束。若某年有本地、区域、国内、亚洲四个市场有选单，则系统将本地、区域同时放单，各市场按 P1、P2、P3、P4 顺序独立放单；若本地市场选单结束，则国内市场立即开单，此时区域、国内两市场保持同开；紧接着区域结束选单，则亚洲市场立即放单，即国内、亚洲两市场同开。选单时各队需要单击相应的"市场"按钮，一市场选单结束，系统不会自动跳到其他市场。

> 提请注意

- 出现确认框要在倒计时大于 5 秒时按下"确认"按纽，否则可能会造成选单无效；
- 在某细分市场(如本地、P1)有多次选单机会，只要放弃一次，则视同放弃该细分市场中所有的选单机会；
- 本次比赛无市场老大；
- 破产队可以参加选单。

11. 竞单会(系统一次同时放 3 张订单同时竞单，并显示所有订单，第 3 年和第 6 年有)

参与竞标的订单标明了订单编号、市场、产品、数量、ISO 要求等，而总价、交货期、账期三项为空。竞标订单的相关要求说明如下。

竞拍会的单子中，价格、交货期、账期都是根据各个队伍的情况自己填写选择的，系统默认的总价是成本价，交货期为 1 期交货，账期为 4 账期，若要修改则需要手工修改。

(1) 投标资质

参与投标的公司需要有相应的市场、ISO 认证的资质，但不必有生产资格。

中标的公司需为该单支付 10W 标书费，在竞标会结束后一次性扣除，计入广告费中。

若(已竞得单数＋本次同时竞单数)×10 大于现金余额，则不能再竞。即必须有一定现金库存作为保证金。若同时竞 3 张订单，库存现金为 54W，已经竞得 3 张订单，扣除了 30W 标书费，还剩余 24W 库存现金，则不能继续参与竞单，因为万一再竞得 3 张，24W 库存现金不足以支付标书费 30W。

为防止恶意竞单，对竞得单张数进行限制，如果"某队已竞得单张数>ROUND(3×该年竞单总张数/参赛队数)"，那么不能继续竞单。

提请注意

- ROUND 表示四舍五入；
- 如上式为等于，可以继续参与竞单；
- 参赛队数指经营中的队伍，若破产继续经营也算在其内，破产退出经营则不算在其内。

如某年竞单，共有 40 张，20 队(含破产继续经营)参与竞单，当一队已经得到 7 张单，因为 7>ROUND(3×40/20)，所以不能继续竞单；但如果已经竞得 6 张，可以继续参与。

(2) 投标

参与投标的公司需根据所投标的订单，在系统规定时间(90 秒，以倒计时秒数形式显示)填写总价、交货期、账期三项内容，确认后由系统按照下列算式进行计算：

得分=100＋(5－交货期)×2＋应收账期－8×总价/(该产品直接成本×数量)

得分最高者可中标。若计算分数相同，则先提交者可中标。

提请注意

- 总价不能低于(可以等于)成本价，也不能高于(可以等于)成本价的 3 倍；
- 必须为竞单留足时间，如在倒计时小于等于 5 秒时再提交，可能无效；
- 竞得订单与选中订单一样，算市场销售额；
- 竞单时不允许紧急采购，不允许市场间谍；
- 破产队不可以参与投标竞单。

12. 订单违约

订单必须在规定季交货或提前交货，应收账期从交货季开始算起。应收款收回系统自动完成，不需要各队填写收回金额。

13. 取整规则(均精确或四舍五入到个位整数)

- 违约金扣除——四舍五入(每张单分开算)；
- 库存拍卖所得现金——四舍五入；
- 贴现费用——向上取整；
- 扣税——四舍五入；
- 长短贷利息——四舍五入。

14. 特殊费用项目

库存折价拍卖、生产线变卖、紧急采购、订单违约计入其他损失；增减资计入股东资本或特别贷款(均不算所得税)。

提请注意

增资只适用于破产队。

15. 重要参数(如下图所示)

参数	值	单位	参数	值	单位
违约金比例	20	%	贷款额倍数	3	倍
产品折价率	100	%	原料折价率	80	%
长贷利率	10	%	短贷利率	5	%
1，2期贴现率	10	%	3，4期贴现率	12.5	%
初始现金	600	W	管理费	10	W
信息费	1	W	所得税率	25	%
最大长贷年限	5	年	最小得单广告额	10	W
原料紧急采购倍数	2	倍	产品紧急采购倍数	3	倍
选单时间	40	秒	首位选单补时	25	秒
市场同开数量	2		市场老大	有/无	
竞拍时间	90	秒	竞拍同拍数	3	

提请注意

- 每市场每产品选单时第一个队选单时间为65秒，自第二个队起，选单时间设为40秒；
- 初始资金为600W；

- 信息费1W/次/队，即交1W可以查看一队企业信息，交费企业以Excel表格形式获得被间谍企业的详细信息。
- 间谍无法看到对手的选单情况。

16. 竞赛排名

完成预先规定的经营年限后，将根据各队的最后分数进行评分，分数高者为优胜。

总成绩＝所有者权益×(1＋企业综合发展潜力/100)－罚分

企业综合发展潜力如下表所示。

项　　目	综合发展潜力系数
自动线	＋8/条
柔性线	＋10/条
本地市场开发	＋7
区域市场开发	＋7
国内市场开发	＋8
亚洲市场开发	＋9
国际市场开发	＋10
ISO 9000	＋8
ISO 14000	＋10
P1产品开发	＋7
P2产品开发	＋8
P3产品开发	＋9
P4产品开发	＋10
P5产品开发	＋11

【提请注意】

- 如果有若干队分数相同，那么最后一年在系统中先结束经营(而非指在系统中填制报表)者排名靠前。
- 生产线建成即加分，无须生产出产品，也无须有在制品。手工线、租赁线、厂房无加分。

17. 罚分规则

(1) 运行超时扣分

运行超时有两种情况：一是指不能在规定时间完成广告投放(可提前投广告)；二是指不能在规定时间内完成当年经营(以单击系统中"当年结束"按钮并确认为准)。

处罚：按总分20分/分钟(不满一分钟算一分钟)计算罚分，最多不能超过10分钟。如果到

10分钟后还不能完成相应的运行,将取消其参赛资格。

> **提请注意**

投放广告时间、完成经营时间及提交报表时间系统均会记录,作为扣分依据。

(2) 报表错误扣分

必须按规定的时间在系统中填制资产负债表,如果上交的报表与系统自动生成的报表对照有误,在总得分中扣罚50分/次,并以系统提供的报表为准进行修订。

> **提请注意**

对上交报表时间会做规定,延误交报表即视为错误一次,即使后来在系统中填制正确也要扣分。由运营超时引发延误交报表视同报表错误并扣分。

(3) 摆盘错误经裁判核实扣50分/次

(4) 其他违规扣分

在运行过程中下列情况属违规:
- ➢ 对裁判正确的判罚不服从
- ➢ 在比赛期间擅自到其他赛场走动
- ➢ 指导教师擅自进入比赛现场
- ➢ 其他严重影响比赛正常进行的活动

如有以上行为者,视情节轻重,扣除该队总得分的200~500分。

18. 破产处理

当参赛队权益为负(指当年结束系统生成资产负债表时为负)或现金断流时(权益和现金可以为零),企业破产。

参赛队破产后,由裁判视情况适当增资后继续经营。破产队不参加有效排名。

为了确保破产队不会过多地影响比赛的正常进行,限制破产队每年用于广告投放总额不得超过60W。不允许参加竞单。

19. 操作要点

- ➢ 生产线转产、下一批生产、出售生产线均在相应生产线上直接操作;
- ➢ 应收款收回由系统自动完成,不需要各队填写收回金额;
- ➢ 只显示可以操作的运行图标;
- ➢ 选单时必须注意各市场状态(正在选单、选单结束、无订单),选单时各队需要单击相应的"市场"按钮,一个市场选单结束,系统不会自动跳到其他市场,界面如下图所示。

20. 系统整体操作界面

21. 关于摆盘和巡盘

本次大赛过程中使用卡片摆盘，只需要摆出当年结束状态，中间过程不要求。本次摆盘只要求摆出生产线(含在制品)、在建工程、现金、应收款(包括金额与账期)、原料库存、产成品库存及各种资格，不需要摆厂房、各类费用和原料订单。年末由裁判统一发令，可观看对手的盘面和电脑屏幕，并可要求对方打开任何信息，且不允许拒绝。巡盘期间至少留一人在本组。不允许操作对手的电脑。巡盘过程中不允许拍照，否则取消比赛资格。

附录 2　第七届"用友杯"全国大学生创业设计暨沙盘模拟经营大赛全国总决赛规则

提请注意

- 现金及应收款——在空白卡片中手工填写金额，放在相应位置；
- 原料及产品库存——在标志上手工填写数量，放在仓库；
- 在建工程——将投资金额放在生产线上(背面朝上)，在生产线上手工标出所生产的产品；
- 生产线净值——手工填写在空白卡片中的净值处；
- 在制品——用产品标志放置于生产线相应的生产周期处；
- 各类资格——投入完成摆上相应的资格卡片，中间投入金额不用摆；
- 如遇卡片不够用，可自行用小纸片代替，所有填写均用铅笔。

22. 网络设置、服务器地址及登录注意事项

一队分配一个 IP，根据所分配的队号设置。如队号为 U01，则 IP 为 192.168.0.101，依此类推。请在本地连接中设置，如下图所示(考虑操作系统的差别，IP 设置略有不同，请各队提前学会如何设置 IP，比赛时不负责指导)。

子网掩码、网关、DNS 可不设。

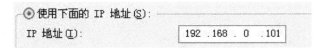

服务器地址统一为：192.168.0.8。

登录账号为 U01、U02 等(大写 U)；初始密码统一为 1，登录后务必修改密码。

23. 凡是因为未仔细阅读并遵照本规则，导致比赛中出现不利局面，组委会均不负责。

24. 试用版申请地址：http://tradewar.135e.com(限于熟悉流程和系统)。

25. 赛前交流论坛——沙迷之家：http://erpsp.5d6d.com/。

26. 赛前一周公布第二年至第四年选单及竞单明细，比赛第一天结束前公布第五年和第六年选单及竞单明细(第三年和第六年有竞单)。公布网址：http://tradewar.135e.com(公布的选单明细不包括交货期、账期及 ISO 要求)。

第七届"用友杯"全国大学生创业设计暨沙盘模拟经营大赛组委会对以上规则享有最终解释权。

第七届"用友杯"全国大学生创业设计暨沙盘模拟经营大赛组委会

2011 年 7 月

参 考 文 献

1．王新玲，柯明，耿锡润.ERP沙盘模拟学习指导书[M]. 北京：电子工业出版社，2005年
2．王新玲，杨宝钢，柯明.ERP沙盘模拟高级指导书[M]. 北京：清华大学出版社，2006年
3．路晓辉.ERP制胜：有效驾驭管理中的数字[M]. 北京：清华大学出版社，2005年
4．路晓辉，陈晓梅. 沙盘模拟原理及量化剖析[M]. 北京：化学工业出版社，2010年

参考文献

1. 上海市工商局. 现代服务贸易与上海经济发展[M]. 上海：上海人民出版社, 2005年.
2. 钟祖昌. 欧盟国家现代服务业发展及对我国的启示[M]. 北京：北京大学出版社, 2006年.
3. 程大中. 中国服务业——开放条件下的增长与竞争力[M]. 上海：上海人民出版社, 2005年.
4. 郑吉昌. 服务业全球化与现代服务业发展[M]. 北京：中国经济出版社, 2010年.